バンコクバス物語

水谷光一

めこん

2008.01.1

まえがき

1988 年ころのバス車内。今も変わらない？

現在同場所から撮影。BTS にさえぎられる

1988 年ころのバンコク。MBK の歩道橋から

私が初めてタイに来たのは一九八七年（タイ暦[*1]二五三〇年）だった。パキスタン航空に乗って、カラチから当時のドーンムアン空港に着いたのが夜一一時ごろ。当時完成したばかりのドーンムアン空港の新館のベンチで一晩寝て、朝五時ごろにおそるおそる空港ビルを出て、大通りのバス停に立った。どこで誰から聞いたか忘れたが、空港から29番のバスに乗れば市内に行けるということは知っていた。もちろんタイ語は一言も話せなかった。

少し待つと、かなり混んだ29番のバスが来た。まだ薄暗いのにこんなに多くの人がバスに乗っているのか、といささか驚いた。

中には、洗ったばかりの濡れた髪の女の子がいた。バスに乗っている女の子は皆申し合わせたようにおかっぱ頭ばかりだったことと、ネクタイを締めた勤め人風の男性が一人もいなかったことが印象に残っている。

今から考えたら、空港で一晩寝なくても29番のバスは深夜まであったはずだ。当時、エアコンなしのバスは二バーツだった。考えてみれば、タイに初めて来たその日からバンコクのバスのお世話になっているわけである。

その後、タイのある公益法人に就職した。職場はスクムビットである。車を持たない私は当然、バスに乗って通勤することになった。現在はBTS（Bangkok Mass Transit System ＝高架鉄道）が通っているが、当時はまだ工事中でバンコクはどこも渋滞が激しかった。中でもスクムビット通りの渋滞はひどく、道がすいてきたらバスに乗ろうと思って車の列を縫って歩いていて、結局そのままワールド・トレード・センター[*2]まで来てしまうことが多かった。

＊1　タイ暦は仏暦（BE）。釈迦の入滅の翌年を一として数える。同じく仏暦を採用している国はミャンマー（ビルマ）とスリランカ。この二国は釈迦の入滅の年を一と数える。

＊2　現在は「セントラル・ワールド・プラザ」という。一九九〇年開業。セントラルパッタナー社がオーナー。敷地五五万平方メートル。元々ここは王族の土地であったが、ウーテーンという人物が商業ビルを建てる目的で借り受け、一九八二年（二五二五年）からセントラル・グループにより建設が始まったが、資金不足で計画を縮小。二〇〇六年（二五四九年）からセントラル・ワールド・プラザという名称になった。

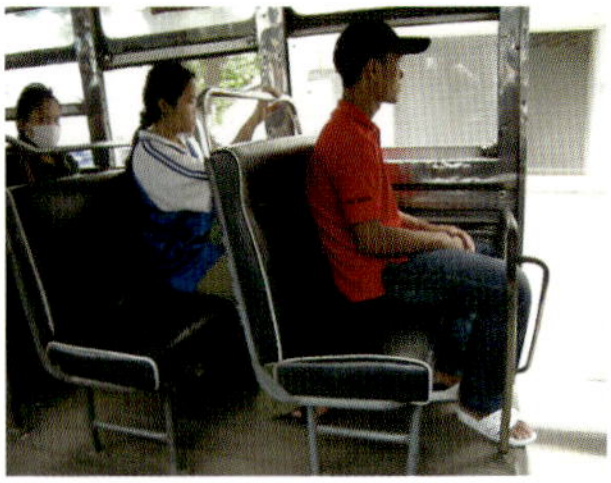

133 番路線のあまりに狭い座席

ミニバス車内

車内の母子

バスに乗り込む学生

夜のバンコク。バスを待つ

いつもの渋滞

そうなると、このあたりでお腹がすいてくるので夕食を食べ、ラッシュが過ぎたころに改めてバスに乗ってアパートに帰るということになる。こうした日が九九年まで続いた。休日にも必ずバスに乗っていたから、この間約一〇年、ほとんど毎日バスに乗っていたことになる。

一九九八年、この法人の日本の姉妹団体「日・タイ経済協力協会」が発行する小冊子『JTECS友の会ニュース』に何かタイのことを書いてほしいと頼まれ、毎日お世話になっているバスのことを書こうと思った。それが「バンコクバス物語」という連載である。この連載がきっかけとなって本書を上梓することになった。

どうしてこんなにバスにこだわるのか、自分でもよくわからない。確かに子供の時から乗り物は好きであった。それと、誰も注目しないことに対して興味を持つという生来のへそ曲がり気質のせいもあるのだろう。だが、そんなことはどうでもいい、とにかくバンコクのバスは、バスも乗務員も乗ってくる乗客もまさにバンコクそのもので楽しい。バスに乗っていると、自分がバンコクに溶け込んでいる気が(勝手に)する。

その後、私は一九九九年から二〇〇四年まで日本に戻っていたが、二〇〇四年に復職を願い出て、八年ぶりに、以前勤めていた公益法人が設立した大学で専任講師として昔の仲間と机を並べることになった。今はまた一三キロの通勤距離をバスのお世話になっている毎日である。

残念ながら渋滞はかつてと変わっていない。[*3] バンコクの道路は拡張され、立体交差なども増えてはいるが、現在の道路をすべて二階建てにしてもバンコクという巨大都市に対してまったく面積不足で、渋滞は解消しないそうだ。

以前のバンコクと現在のバンコクを比べると、私の印象では、都市として大きな変化はないと思う。確かに、きれいなビルが多くなり、車も九〇年中

＊3　一九九七年の経済危機の後、一年程度そのようにバンコクから渋滞が解消した。新車の売り上げはこの間七五%減少した。

女性運転手もいる

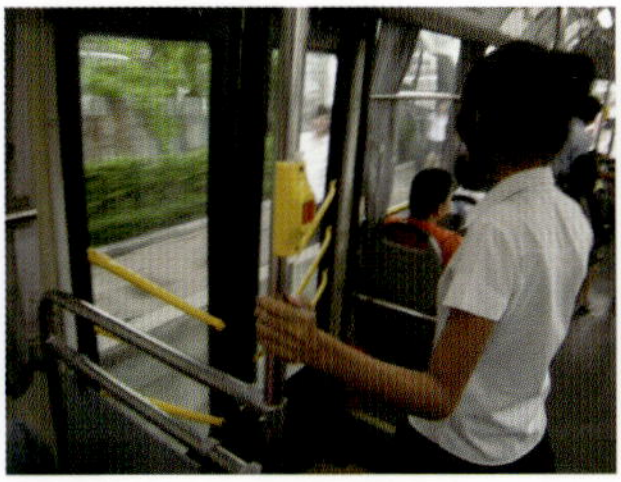
降車ボタン

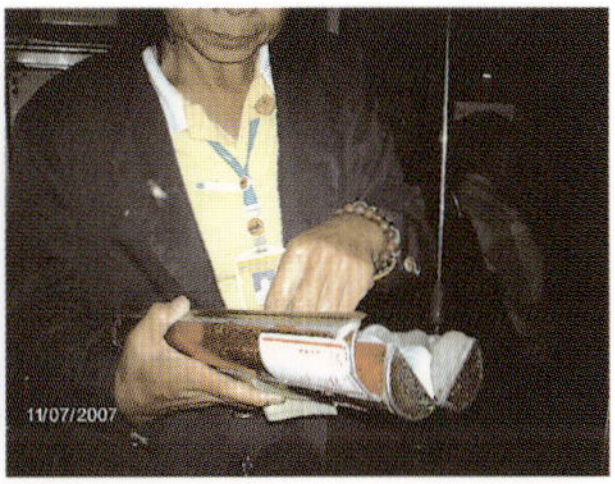
車掌さんが集金に使う筒「クラボー」

運転手と子供

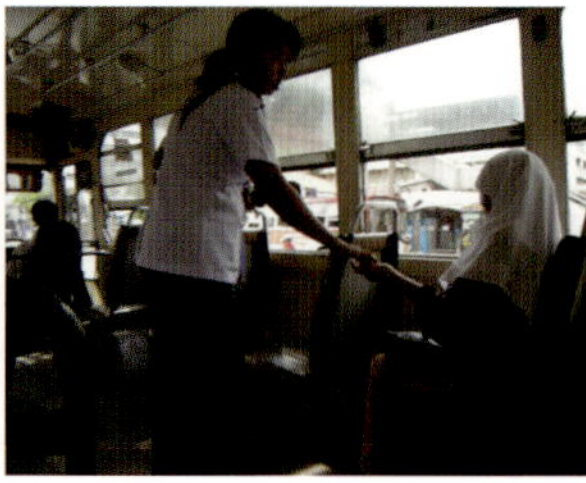
女性の車掌

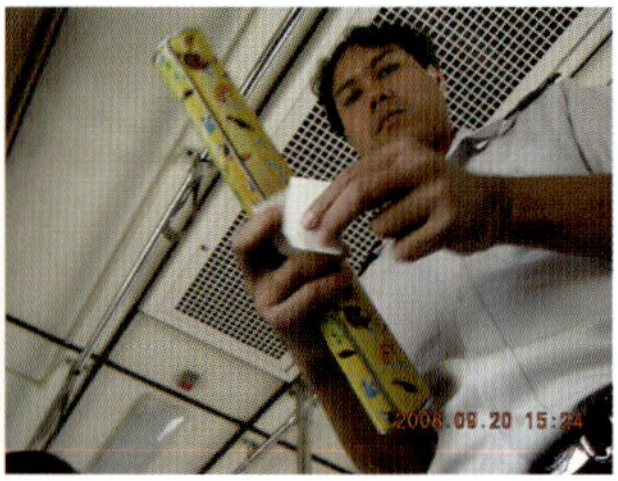
男性の車掌

盤から圧倒的にきれいな（新しい）ものが多くなった。しかし、バスはそうでもない。

現在、バンコクを走っているバスは①ＢＭＴＡ（バンコクバス公社）所有のバス（二一％）、②民間委託路線のバス（二一％）、③民間の小型バス（五八％）に分けられる。*4

民間委託路線が多くなって車両数は増えたものの、中古の車体を使ったものが多く、全体的な印象としてはバスが以前より便利できれいになったという感じはない。

とはいえ、それを利用している乗客――バンコクに住む人々の服装は垢抜けた。そして、バンコク近郊の通勤圏内が拡大し、またバンコクの中心地から郊外に事務所を移す会社、省庁、大学も出てきたので、バスの利用者も増えた。つまり、バンコクとバスの関係は以前にもまして密接になり、バスがバンコクそのものであるという印象はいっそう強い。

この間、バンコクのバスは番号が整理され、排出ガスがクリーンなユーロ2基準*5バスも走るようになった。バスの乗車賃も、この二〇年弱の間にエアコンは初乗り五バーツから一一バーツになっていた。

この原稿を書いている二〇〇七年暮れには、翌二〇〇八年にはエアコンなしが七・五バーツ、エアコン車が最低一二バーツになるそうだというニュー

＊4 ②民間委託路線（ロット・ルアムボリカーン）というのは本来ＢＭＴＡが走らせなければならない路線だが、バスがないので民間会社から路線料を徴収して運行してもらっている路線。この路線は①と同じ普通の大型バスが走る。③は元々民間が独自に走っていたのをＢＭＴＡが追認したもの。ミニバス、ソンテウ（トラック荷台改造の小路バス）、箱ＶＡＮバス（ワンボックスカーの後部に三～四列空席を設けたもの。元は白タクだったが、現在は正式な路線サービス車となっている）、マイクロバス（民間委託）がここに入る。詳しくは一四ページ参照。

＊5 欧州の基準で九六年に「ユーロ2基準」が制定された。一酸化炭素が一キロの走行で一グラム以下、炭化水素（ＨＣ）と窒素酸化物が合計で一キロの走行につき〇・七グラム、粒子状物質が一キロ走行で〇・〇八グラム以下とされる。

カゼ気味の運転席

夜の運転席

雨の運転席

ソンテウ

民間委託のノンエアコンバス

BMTA のエアコンバス

スが流れた。[＊6＊7] それでもバスを運行するBMTA（バンコクバス公社）は慢性赤字だという。バスは文字通り「バンコク庶民の足」であるだけに、簡単に結論が出るものではない。この問題はこの後の章で何度か考えることにしよう。

この本にはバスで行ける観光地、穴場といった紹介もないので、名所めぐりや買い物ツアーが目的の旅行者にはあまりメリットはないかもしれない。しかし、バスに乗れば、それを利用する人々の素顔、街の息吹きなどに接することができるのは確かだ。それは観光で見るバンコクの人の表情とはどこか違っているかもしれない。ほんの一部ではあるが、バンコクのごくごく普通の人たちの日常生活、その息づかいをバスを通じて伝えられたらと思う。

＊6　やはり値上げになりました。二〇〇八年九月二日より、それぞれ二バーツずつの値上げです。
BMTAノンエアコンが七バーツ→九バーツ
民間委託ノンエアコンが八バーツ→一〇バーツ
BMTAエアコンが初乗り一一バーツ→一三バーツ
民間委託エアコンが初乗り一二バーツ→一四バーツ
BMTAエアコン・ユーロ2基準が初乗り一二バーツ→一四バーツ
最長二二バーツ→二四バーツ

＊7　と思ったら一〇月二一日に値下げになりました。
BMTAノンエアコンが七・五バーツ（深夜は九バーツ、高速利用は九・五バーツ）
民間委託ノンエアコンが八・五バーツ
BMTA／民間委託エアコンがともに一二バーツ（最高二〇バーツ）
BMTA／民間委託エアコン・ユーロ2基準がともに一三バーツ（最高二三バーツ）
ミニバスが七バーツ

故障して引かれる民間委託エアコンバス

57 番わき見運転による事故。2008 年 2 月 14 日

2007 年 4 月封切り「地獄行きバス」のポスター

バスを待つ人たち

バンコクを走るバス

バスのタイプ	色	営業形態・料金体系（二〇〇八年一〇月現在）
エアコンなし	赤とクリーム	BMTA　七・五バーツ（深夜九バーツ、高速利用九・五バーツ）
エアコンなし	白と青	民間委託　八・五バーツ
エアコンバス	青とクリーム	BMTA　初乗り一二バーツ　以降四キロ毎に二バーツプラス（最高二〇バーツ）
エアコンバス	青と白	民間委託　初乗り一二バーツ　以降四キロ毎に二バーツプラス（最高二〇バーツ）
エアコンバス（ユーロ2基準）	オレンジ	BMTA　初乗り一三バーツ　以降四キロ毎に二バーツプラス（最高二三バーツ）
エアコンバス（ユーロ2基準）	青	民間委託　初乗り一三バーツ　以降四キロ毎に二バーツプラス（最高二三バーツ）
小型バス	緑の車体のミニバス	一律七バーツ
小型バス	ソンテウ	六～八バーツであることが多い
小型バス	箱VANバス	一律の場合もあるし、距離により違う場合もある。二〇～三〇バーツ
小型バス	マイクロバス	民間委託　三〇バーツ
ちなみにタクシー	色形状さまざま	最初の一キロ　三五バーツ　以降四〇〇メートル毎に二バーツプラス

＊BMTAは車体の真ん中に緑色のラインが入っている。ただしユーロ2基準は入っていない。

＊この表でわかるのは三人いれば短距離ではタクシーの方が安いこともあるということだ。

＊原油価格高騰などによって乗車運賃は頻繁に値上げされる可能性が十分にあります。HPなどの情報も追いつかないこともありますので、現地で確かめてください。

バスに乗る人たち

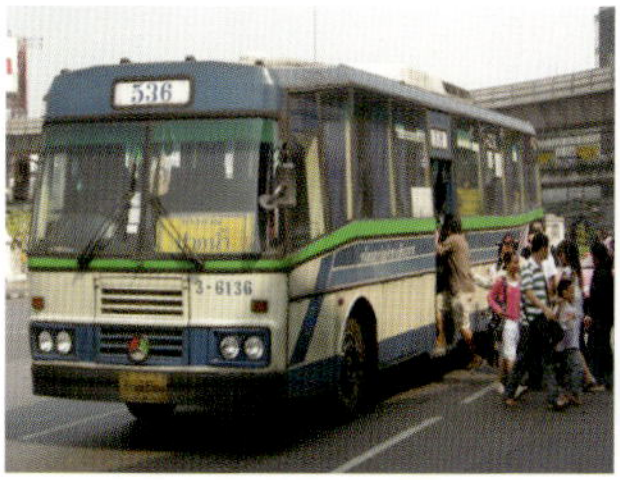

BMTA エアコンバス。青・クリーム

民間委託エアコンなし。白・青

BMTA エアコンなし。赤・クリーム

民間委託エアコン・ユーロ２バス。青

BMTA エアコン・ユーロ２バス。オレンジ

民間委託エアコンバス。青・白

箱 VAN バス

ソンテウ

緑の車体のミニバス

モーターサイ

トゥクトゥク

民間委託マイクロバス。５～６路線ある

目次

11

第1章 哀愁の11番

11番バス路線
BTS
戦勝記念塔
ロータス
ラチャパット大学
ファーストホテル
ドン・ボスコ
アソーク交差点
ラームカムヘーン通り
ラーマ９世通り
国立競技場
MBK
ペッブリー通り
クローンタン交差点
パンティップ・プラザ
トンロー交差点
パッタナカーン通り
スクムビット通り
シーコン・スクエアー
フアランポーン駅
シーナカリン通り
ラーマ4世通り
プラウェート交差点
オーヌット通り
オーヌット交差点
チャオプラヤー川
スワンナプーム空港
シーナカリン車庫

シャトルバス内部

シャトルバス到着

空港でシャトルバスを待つ

新シャトルバスの裏話

五年ぶりにバンコクに戻ると、既に空港は移転し、「スワンナプーム」とかいう面倒な名前の空港になっていた。しかし、空港ゲートと結ぶシャトルバスとは別に、路線バスの空港専用発着所ができたおかげで、ドーンムアン国際空港の時より路線バスが使いやすくなっていた。バスファンにはありがたいことである。

空港二階の到着ゲート建物内から出ると、シャトルバス乗り場があるのがすぐにわかる。真っ白な新車のシャトルバスは低床構造で乗りやすい。

実はこの空港シャトルバス、新規購入する前は市内を走っている路線バスを転用する話になっていたらしい。５１１番路線（南行きバスステーション－パークナーム）の連結型バス[*1]に二〇〇六年ごろからSuwannabhumi Airport Shuttle Busと意味不明なペイントをした車両を街で見かけるようになったのがその証拠である。これは当初、新空港でバスターミナルから空港ビルまで乗客を運ぶためのシャトルバスとして利用しようとした（そして、やめた）からだ。そうとしか考えられない。

このバス転用の話は、思い立ってやってみたがうまくいかないと簡単に引っ込めるというおなじみのタイテイストから出た発想だったのだろう。思い立ったら言ってみるのがタイの人のスタンスの基本である。特に要求事項には気をつけなければならない。「言うのはただだから」である。言われたらその情報をもとに動いてしまうのが日本人である。しかししばらくすると、状

＊1　正確には「連節バス」と言うらしい。日本でもボルボと富士重工の共同制作で発売されたが、日本国内で導入されているのは京成バスなど数例である。５１１については第5章で詳しく紹介します。

路線バスを待つ空港職員

空港で路線バスを待つ人々

路線バスが到着

朝5時、空港行のバスを待つ（戦勝記念塔）

これはなに？

街で見かけた連結バスだが

況は変わっている。つまり、言ったことは変わってくる。タイの人々は「物事の変容は当然」と考えているが、日本人は当初言われたことに基づいて動く「経緯を大切にする」民族だから、面食らってしまうのである。

かつて、仕事で日本との連絡を担当していた時、「今後絶対変わらないという念書を書いて、責任者の署名をしてくれ」と言ってきた日本の組織があったが、「絶対変わらないもの」など何もないというタイの人の意識のほうが正しい。

バンコクのバスと東京の都バスとの違い

まえがきでも少し触れたが、最初にバンコクの公共バスについて書いておきたい。

日本で言えば東京都の都バスに相当すると考えられがちだが、バンコクのバスは政府の運輸省が管轄するBMTA（バンコクバス公社）による運行だ。つまりタイ国民全員の税金で運営しているのである。

東京で都営地下鉄などを利用している方はおわかりだろうが、路線は東京都から一歩も出ない。都民の税金でまかなわれているからである。一方こちらは、バンコクのバスといっても、ノンタブリー県からサムットプラカーン県[*2]まで運行している路線もある。BMTAは民間会社と同じ経営スタイルをとっているが、大スポンサーは政府大蔵省である。

BMTAは一九七五年に発足した。それまでは民間会社が独自に政府の許可を取って番号をつけてバスを走らせていたらしいが、これについては実際

＊2　ノンタブリー県はバンコクの北西に位置する。バンコクのベッドタウンという存在。人口約一〇〇万人。サムットプラカーン県はバンコクの南に隣接する。工場が多い。人口一一〇万人。

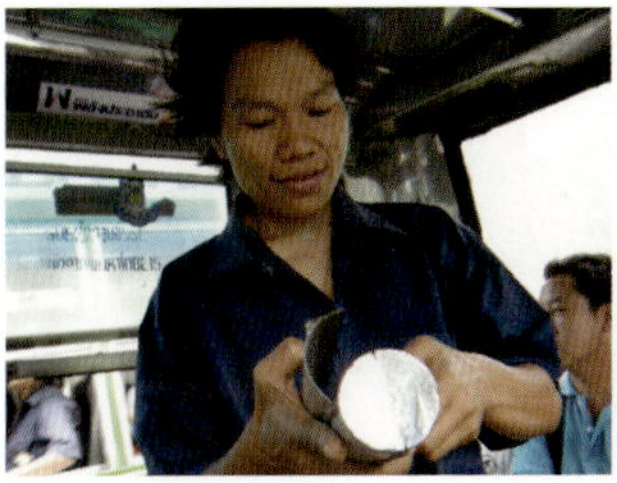
ミニバスの車掌さんの活躍

ミニバスの運転席。計器なんてない

エアコンバス運転席（505路線）

ゆっくりバスを降りる人

急いで乗り込む人

庶民の足、バンコクの路線バス

当時から働いていた人に話を聞いたので後述する。

民間会社の最大手はナーイラート・ホテルのオーナー、ナーイラート氏[*3]（既に故人）所有のバスだった。こうしていろいろな会社が参入したので、すべて政府が会社を買い取って発足させたのがBMTAなのである。[*4]考えてみれば、今タイでも「民間でできることは民間でやる」いわゆるPrivatizationが時流なので、そのまま放っておけばよかったのかもしれない。

BMTAの資料によると、二〇〇七年（タイ暦二五五〇年）八月現在、BMTAが管轄しているバンコクのバスの台数は一万六九〇三台。しかし、そのうちBMTA所有のバスは全体のわずか二一％で三五三五台。民間に委託して走らせている「ロット・ルワムボリカーン」（民間委託路線）が三四九一台（二一％）、緑の車体のミニバスが一〇六九台（六％）である。

これ以外に民間の小型バスとして、ソーイ[*5]（小路）内を走るトラックの荷台などを改良した「ソンテウ」が二二九三台（一四％）、箱VANでの輸送サービス車（ロット・トゥー）が六五一五台（三八％）ある。しかし、この数字には、登録だけしておいて実際運行していないものも入っているようだ。

また、路線数は資料では全部で四五二路線で、このうちBMTAによる運行は一〇八路線（二四％）。ロット・ルワムボリカーンが一一九路線二六％。ソンテウが一〇九路線（二四％）。箱VANバスが一一六路線（二六％）である。

しかし、この数字も重なって数えている路線があると思われる。旧BMTAのホームページや現在のホームページの情報、実際私が利用している感じ

＊3　ナーイは「ミスター」にあたるので、正確にはラート氏。この発音は外国人泣かせでタクシーにナーイラート・ホテルと言ってもなかなかわかってもらえない。

＊4　同様なことが日本でもあったらしい。インターネット百科辞典ウィキペディア「神奈川中央交通」の項によると、「一九二一年、当時の横浜市大岡地区では乗合自動車を始める者が乱立し、競争が繰り広げられていた。この無益な競争に終止符を打つべく、関係者が同社を設立し整理統合を行なった」とある。

＊5　ソーイ（Soi）とは幹線道路から出ている枝線道路のことである。タイの住所はこの幹線、枝線に沿って番地がついていることが多い。

車内にうちわのサービス（2番路線）

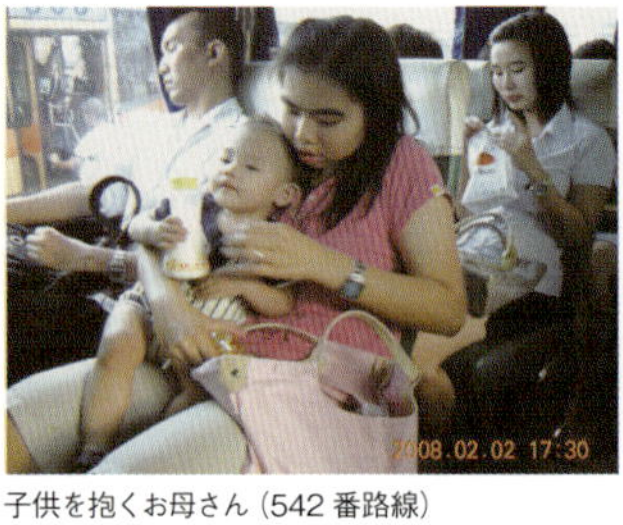

子供を抱くお母さん（542 番路線）

ソーイを走るソンテウ

僧もバスで夢想にふける

バンコクのバスには僧の優先席がある

日常的な車内風景

などから、実質的な路線数は全二七〇路線程度だと考えられる。[*6] ということなので、本書で取り上げるのはごくごく一部の路線ということになる。本書の最後に主要なバス路線一覧を載せたので見ていただきたい。

交通機関はだいたい世界中どこでも赤字なのだが、BMTAも例外ではなく、二〇〇六年（タイ暦二五四九年度）は売上六九億三〇〇〇万バーツ、最終赤字六二億三〇〇〇万バーツ、負債総額は約五〇〇億バーツであるという。[*7] 原油高が続いている現在、さらに赤字幅が大きくなる可能性がある。八〇年代後半からワンマンバス化を進めているが、いっこうに進展していない。

しかし、バス公社の経営に立ち入るのはまたの機会にして、バンコクのバスそのものを語ろう。どこに行くにも低コストで、私たち外国人もタイ人も平等な料金で運んでくれるバンコクのバスは魅力いっぱいだが、欠点も多くある。

遅い（時々やたらと飛ばす運転手もいるが）。いつ来るのか来ないのかわからない（始発終バスは一応決まっている）。停車ボタンを押してもバス停でちゃんと停まってくれない。運転が荒く危ない。等々、バンコクっ子にも必ずしも評判がいいとは言えないが、私たちのように自家用車を持たない者にとっては大変心強い存在である。

これに乗れば、バンコク中および近郊都市（日本で言えば神奈川、千葉、埼玉の県庁所在地あたりまで）で行けないところはほとんどない。慣れれば渋滞などの時は降りて歩けばいいし、気軽に乗り換えることもできる。時として車を運転するより楽なことがある。こんな便利な乗り物を使わないでいたら、バンコクの生活の醍醐味は半減してしまうというものだ。

ただ、慣れるまではちょっととまどうかもしれない。ノンエアコンバスの料金は一律九～一〇バーツだが、エアコンバスは距離によって違うので、行き先を車掌に告げないと乗れない、正確に言うと乗っても乗車賃が払えない。

＊6　その後、資料などから、二〇〇八年九月現在二五一路線だということがわかった。
＊7　日本語総合情報@タイランド『newscrip』電子版二〇〇七年一一月二一日より。

車掌さんはクラボーをジャラジャラいわせて

パンクして停まったバス（11番路線）

夜の 11 番エアコンバス

時々飲料水も運搬する 11 番

クラボー置き場のある 11 番

これは一度乗った人ならよくわかると思う。日本でも、車掌さんが乗務していた時代はやはりそうだった。

また、停留所にあまり正確に停まってくれない。もっとも、待っている人はだいたい停留所の少し手前に立っている。[*8] ところが、そこよりもっと手前で停まったり、そうかと思うと律儀に必ずバス停の真ん前に停めて扉を開く運転手もいる。

というように一筋縄ではいかないのがバンコクのバスであるが、実際に利用すると、それまで見えなかったバンコクの本当の顔が見えてくる。よそいきではない素顔である。これは楽しいし、うれしい。バンコクに行ったら一度は体験してもらいたいバスであるが、まずは一つの路線を始発バス停から終点まで乗ってみよう。

11番路線に乗ろう！

11番路線は私が通勤に使っているバスである。これなら途中経路もよく知っているので、説明しやすい。11番のバスは三種類ある。一つはBMTAの赤とクリーム色のノンエアコンバスで、窓を開けて走っている。バスの車体に緑色のラインが入っているのはBMTA所有のバスという意味だ。もう一つはBMTAのエアコンバスでオレンジの車体。オレンジは欧州のユーロ2基準という排気ガスの基準をクリアーしたバスである。さらに緑色の車体のミニバスがあるが、始発・終点の場所が前の二つと異なるので注意が必要だ。

さて、自分の乗るべきバスが来たら、手を上げるなど意思表示で応じよう。

＊8　少しでも先に乗ろうとする心理からバス停の手前で待ち、また人が待っているところにバスを停めざるをえない運転手の心理からこうなったのだと思う。

ちょうどやってきたノンエアコンの赤バス

国立競技場の全景

始発の国立競技場脇の停留所

ロータス内部

大型ショッピングセンター「ロータス」

ソイ・カセームサン１にはこのようなGHが

何もアクションをとらないと、バスはそのまま行き過ぎてしまう。

11番の始発はマーブンクローンセンター（ＭＢＫセンター）から少し西に行った国立競技場脇である。

このあたりには格安宿街として有名なソーイ・カセームサン1がある。ここには一〇〇〇バーツ程度のゲストハウスがたくさんあって、さらにＭＢＫに徒歩で行けるので、節約旅行者に人気の通りだ。同じように格安ゲストハウスがたくさんあるカオサーン通りよりは若干ましなゲストハウスが多いが、部屋は狭かったりもする。

始発といってもまったく普通のバス停と変わらない。ここではバスは長時間停められないので、やってきたバスはすぐ出発することになる。ぼやぼやせずにすぐに乗り込もう。始発なのでほとんど乗客は誰も乗っていない。しばらく行くと「ロータス」という大型ショッピングセンターがある。そこで右に曲がる。

ここでは狭い空地を利用して、日曜日の夕方、近隣の住民へのサービスとして、インストラクターを呼んでエアロビクスの指導をしている。バンコクでは富裕層から庶民まで健康ブームとあって、この手の企画は大うけだ。ロータスを曲がるとバンタットーン通りである。一キロも行った所で、またすぐ右に曲がる。今度はペッブリー通りだ。

ペッブリーに入って、最初に停まるバス停はソーイ5の入り口、ラチャパット大学の正門の前である。このソーイ5はいつも人通りの途絶えないにぎやかな路地である。理由はわからない。アパートがたくさんあるからだと言う人もいるし、スリアユッタヤー通りに抜けられるからだという人もいる。

ソーイ5では「チョーイ」という軽食屋さんが人気である。お客は若い人ばかりだ。クイッティヤオ、チャーシューかけご飯など各二五バーツで食べられて、店内は冷房付である。この値段で食べられて、冷房というのは最近デパートのクーポン食堂ですらなくなった。

有名店「チョーイ」

いつもにぎやかなペッブリー通りソーイ５

夕方になるとエアロビクス。タイも健康ブーム

プラトゥーナム交差点

パンティップ・プラザ

ファーストホテル

プラトゥーナムからさらに

次にバスは、パヤタイ通りとの立体高架橋を上がり、ファーストホテルの前を通り、「コンピューター・シティー」の異名を持つパンティップ・プラザの向かいに停まる。

次のプラトゥナームの交差点も土日なら陸橋を越えるのだが、平日は何かの規制があり、信号をえんえんと待つ。しばらく行くと、左に「ドン・ボスコ」という工業高校が見える。

この学校は六〇年の歴史を持ち、貧しい学生が来るレベルの高い職業高校として有名である。私が知っている大学にも難関を乗り越え、何人かが入学を果たしている。向かいは逆にお金持ちの子弟が通う系列のセントドミニク校である。

バスはアソークの交差点を越える。いつも混んでいる悪名高き交差点である。ここも時間によって陸橋を使える時もあればそうでない時もある。このアソークの交差点の側には去年まで日本大使館もあった。

そのまま東に進んだバスは右にトンロー通り、エッカマーイ通りを過ぎて、今度はクローンタンの交差点で待たされる。ラームカムヘーン通りに行くバスは左で曲がる。この辺はふかひれ[*9]の有名店が軒を連ねている。その脇には鴨料理の有名店があり、昼時には高級車でわざわざやってくるタイの金持ちが少なくない。

このクローンタンの交差点からパッタナカーン通り（開発路という意味）が

＊9　「ふかひれ」はタイ語では「サメの耳」という。一説には中国人のコックが「クリーブ」という「ひれ」を表すタイ語を知らなかったからだというが、魚の左右に出ているひれを耳にたとえているという説もある。

クローンタンの交差点。夕方は混む

渋滞で悪名高いアソークの交差点

有名工業高校「ドン・ボスコ」

鴨料理が有名な店

ふかひれ有名店看板

クローンタンの交差点を疾走するバス

始まり、しばらく行くと私の勤め先がある。パッタナカーン通りも左右に遊興施設が多いところで、カラオケ店など目に付く。ペッブリー・タットマイ（新開ペッブリー）路もそうだが、当初、通りを開発した際、寂しい場所になるのを嫌って、政府指導で遊興施設を積極的に誘致したと思われる。

新開地を行く

パッタナカーン通りは数キロ走って終わってしまい、シーナカリン通りとの交差点を右に曲がる。この通りは道幅が広く、いかにも最近開けた通りだということがわかる。

左に「シーコン・スクエアー」が見える。シーコン・スクエアー内にはバンコク屈指の有名な金行（金の販売取引店）の支店がある。この金行は相当に信用がある店と見えて、王室のお客さんもあるほどだ。いつも混んでいる。

タイの人はまだバーツの価値が不安定なこともあって、必ず価値が上がると信じられている金に資産を変えて持とうとする人が多い。最近の金の高値、バーツ高で以前よりさらに資産を金で持とうとする人が増えている。タイの人たちにとって銀行預金というのはまだあまり一般的な貯蓄の手法と言えない[*10]。

また資産を持っている人は、それがたとえ数万バーツであったとしても何とかして増やそうとするのが日本人の庶民とは決定的に違う点である。お金を眠らしておいてもしょうがないと思っている人が多い。少なくとも金のアクセサリーなら、身に付けて楽しむことができ、一石、いや一金二丁というわけだ。

＊10　ただし、国内総生産（ＧＤＰ）に対しての貯蓄率は三〇％にもおよび、東南アジアきっての貯蓄高優等生である。

シーコンの中にある金ショップ

シーコン・スクエアー

鴨料理店内部

乗客もほとんど降りて車掌さんも暇そう

牧歌的光景が広がる

プラウェートの交差点。もう地方の雰囲気

オーヌットの交差点を左に曲がる。その先のプラウェートの交差点を右に入ると、いかにも牧歌的な光景が広がる。ここまで来ると、ついさっき通ってきたパヤタイ通りやペッブリー通りのようなところと同じバンコクかと思うほどである。なまじ旅行で行くような田舎より、よっぽど田舎である。

だが、時として、こういう田舎的な場所に似つかわしくない高級住宅地に出くわすことがある。都会的な喧騒を避けて静かなところに住宅を求めるミドル層が多くなっているのだろう。

この通りはチゥルェームプラキアットR9という通りらしい。上品なベトナム料理屋さんや、まだ二〇バーツでがんばっている鶏肉とにがうりのクイッティヤオの店がある。

その少し手前に中古車店があった。特にフィアット一一〇〇に目が行った。価格は一一万バーツだという。店主がいたので聞いてみたが、ずいぶん長いこと買い手がつかない様子である。この日は鍵がなかったので試乗することはできなかったが、ミッションがオートマチックに改造されていた。

終点です

だいぶ走ってようやく終点の車庫に入った。

一緒に入っていって、ちょっと運転手さんや車掌さんの話を聞いてみよう。運転手さんや車掌さんの休憩所があって、気軽に話を聞かせてくれた。

写真で真ん中に寝転がっている運転手さんは、一〇年間、小型車の運転手をしていたが、知人の勧めもあって、バスの運転手になったそうだ。バスは第二種か三種の運転免許を持っていることが必要で、ＢＭＴＡ独自の研修機関もあるらしい。

この車庫では11番路線のほかに、93、２０６の路線も管轄している。車庫

フィアットを売る中古車店

クイッティヤオ 20 バーツの店

上品なベトナム料理の店

11番のほかに93、206も管理しているシーナカリン車庫

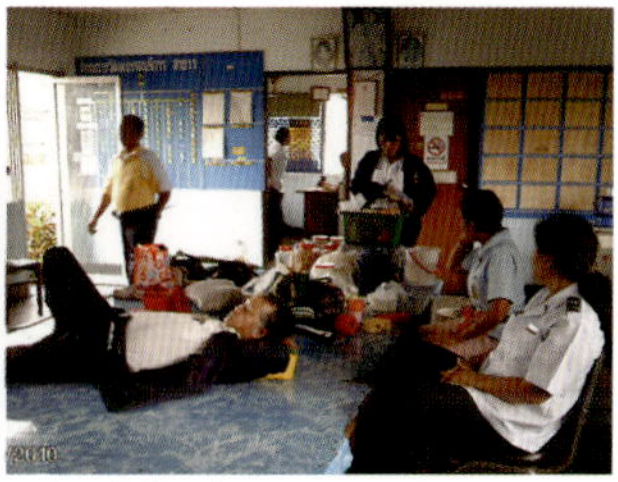

しばしの休憩にごろり

の中で運転手の移動はあるが、普通は路線ごとに運転手は決まっている。また車庫ごとに管理者がいるので、車体の掃除、手入れなどが違ってくるようだ。

朝四時二〇分にまず始発のバスを運転し、折り返し地点に五時一〇分に着く。私が始発点と思っていたＭＢＫの脇のバス停は、彼らバスの乗務員から見ると、折り返し地点なのだ。始発はこのシーナカリン車庫になる。そして、ＭＢＫ脇のバス停では停車できないので、すぐに折り返し発車。

路線をひとまわりして車庫に戻るのは六時三〇分。「ずいぶん速いのですね」と言うと、横で乗務員にお菓子を売っていたおばちゃんが、「早朝は速いのよ、道路が混んでいないからね」と解説してくれた。そこからこのおばちゃんが次々と説明してくれた。

「クラボー」と呼ばれる、車掌さんが乗車運賃を集める筒は実は乗務員が自分で買わなくてはならない（テウェート市場で買うらしい）。中に入っている切符は車掌がそれぞれ自分で管理し（家に持って帰る）、切符を失くした場合は自分で補償しなければならない。車掌の「身分証明書」がある……

なんでそんなによく知っているのかと思ったら、実はこのおばちゃんも車掌さんで、今日は休日だから職場の友人にお菓子などを売りに来ていた、つまりアルバイトをしていたのだった。

以下はおばちゃんがインタビュアーになって、まわりの乗務員たちから聞いてくれた話である。

渋滞で時間内に終わらないことも多いようだが、勤務は基本的に八時間以内。週一日は交代で休み。早朝は職員専用送迎バスがある。一日最低二往復する。定年は六〇歳。

最大の悩みはトイレだそうだ。もちろん始発の車庫にはトイレがあるが、途中用を足したくなったら、乗客に断ってガソリンスタンドなどに寄って用を足すことはできるそうだ。

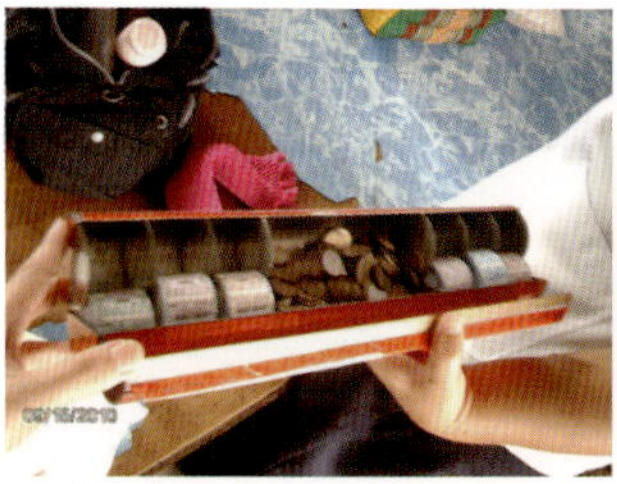

クラボーの中身

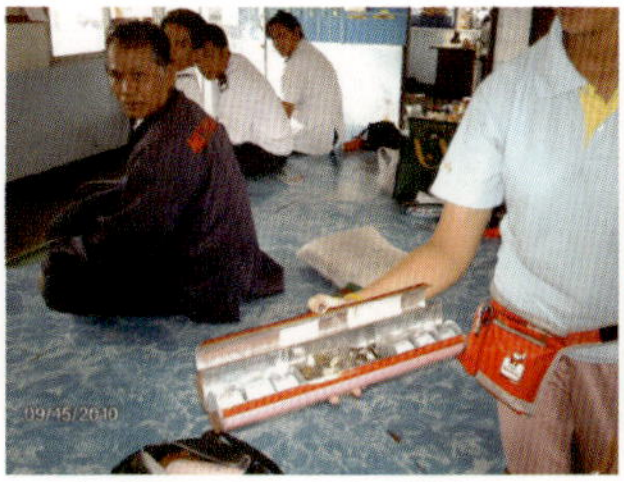

クラボーを見せてくれる非番の車掌さん

背中が説明役のおばちゃん

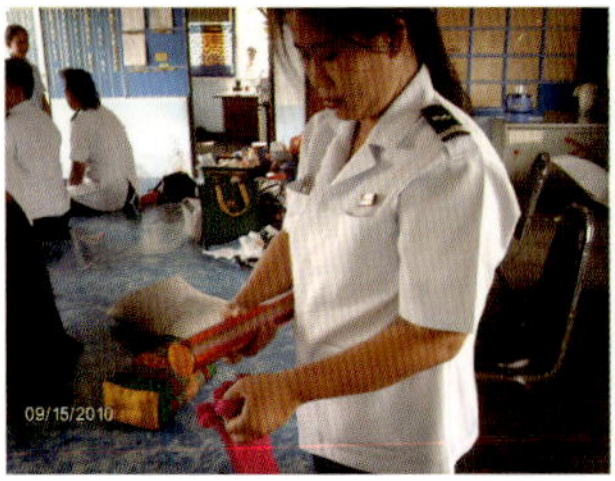
女の車掌さんはクラボーにおしゃれをする

別の路線管理者のおじさんと車掌さん

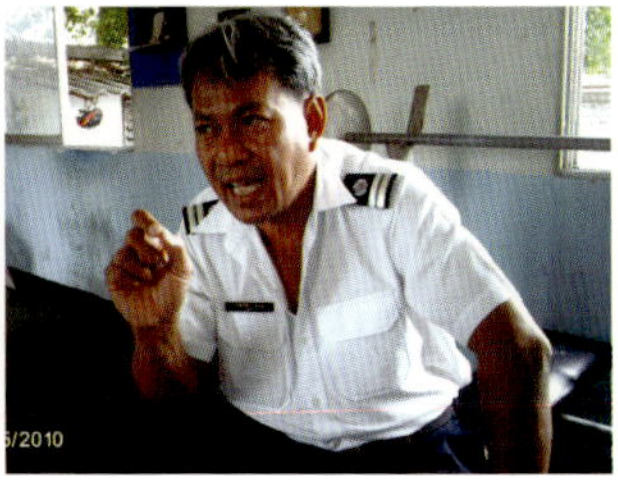
熱弁を振るう路線運行管理者ムハマッドさん

バンコクの庶民の足

この路線の管理者（一人ではなく、何人かいる）ムハマッドさんに話を聞く。彼はナーイラート社の時代からバスを運転していたという。現在は管理者側で運転はしない。

ムハマッドさんの話だと、一九七五年（タイ暦二五一八年）の大洪水の時、バンコクにバスを走らせていた民間会社二四社が乗車賃値上げを政府に要求したが、時の民主政府（ククリット・プラモート政権）は値上げを認めず、危うくバンコクでバスが走らなくなるところだったという。

その後の交渉で政府が車両も含めて二四社の事業をすべて買い取り、バンコク輸送株式会社（ＢＭＴＡの前身）が発足した。バス代の値上げは、当時まだ自家用車を持つ人が少なかったバンコク庶民、特に学生の間では大問題だったのである。

現在、バスの乗車運賃はエアコンなしが七～八バーツ。エアコン車は一一～二二バーツであるが、これはけっして安くない。私の職場の同僚Ｂさんはバンコクのかなり郊外に家があって、毎日五〇キロ近い道のりを通ってくるが、家からモーターサイ[*11]、ソンテウ、バス数路線を乗り継ぐと片道一〇〇バーツ近くかかるそうだ。これでは交通費で給料がなくなってしまうということで、自家用車通勤に踏み切った。

といってもこの原油高では余計高くつくのは当然で、まずお父さんのおんぼろのサニーをＬＰガス車に改造した。これで一万二〇〇〇バーツ。ＬＰガ

＊11 英語のMotor Cycleがタイ語になまった言葉。一般にモーターサイと言うと、ベストを着た運転手のお兄ちゃんが後部座席に乗客を乗せて運ぶ「オートバイタクシー」のことを指す。大通りでの営業は認められていないが、頼めば行ってくれる。場合によってはタクシーより高い。

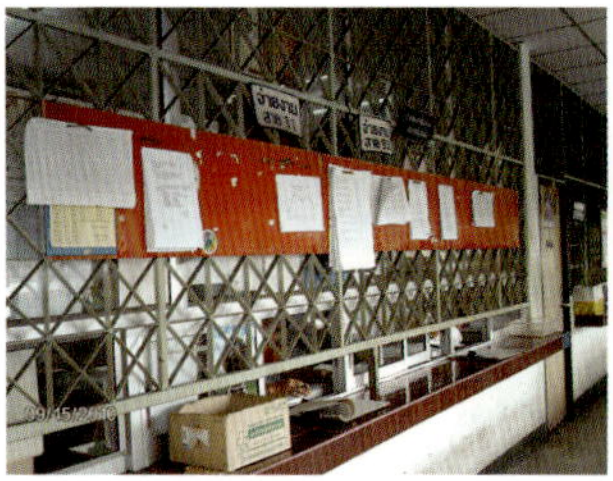
切符売り場

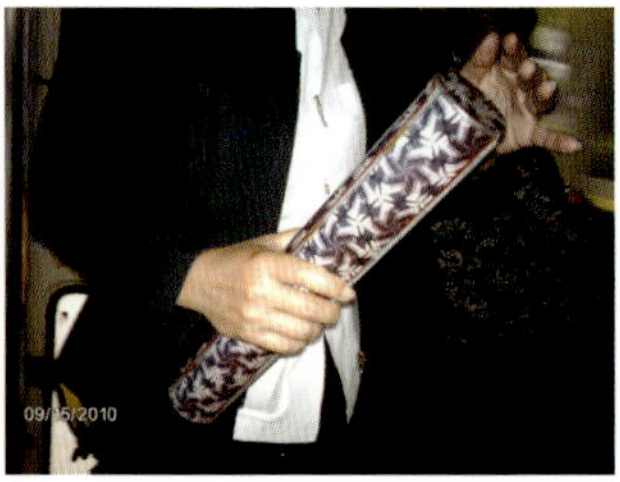
この人のクラボーもすてきだ

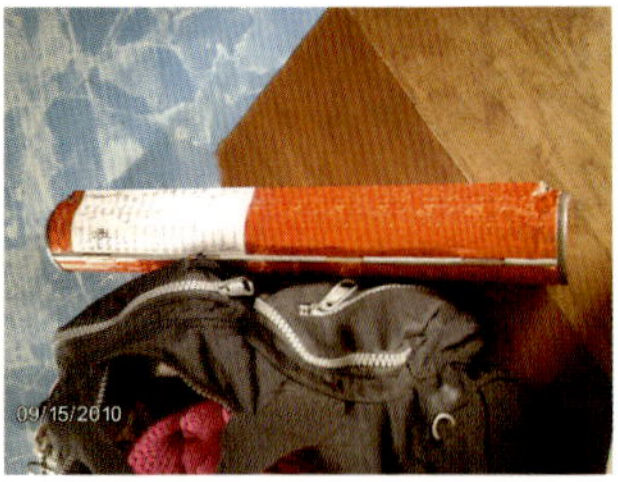
こんなにきれいに

車庫で修理もする

卓球台も完備

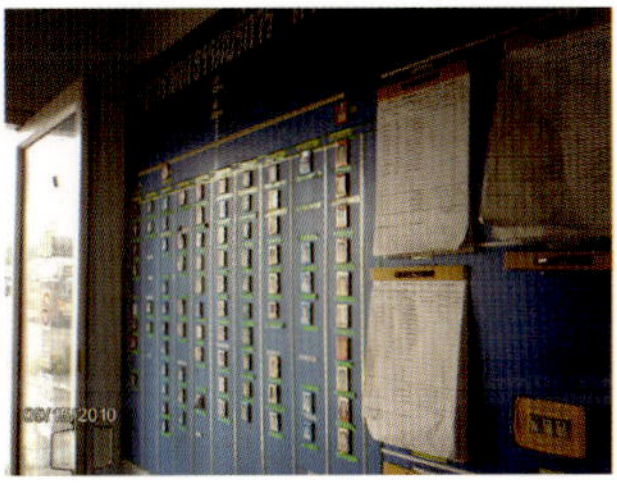
組織図もしっかりある

スの燃費はおよそ一キロ＝一バーツなので、めでたく交通費は往復一〇〇バーツで上がることになった。

一般的に所得の低い人ほど遠くに住んでいて、遠距離通勤は避けられない。家賃が安いところ、親戚と一緒に住めるところを探すとおのずとそうなるのだろう。

そんな庶民の足となっているのがバンコクのバスだ。日本人も一度はぜひ体験してもらいたい。現在ホームページが整理されて、外国人観光客には観光ポイントを通るバスが探しやすくなっている。

http://www.bmta.co.th

ただし、すべての路線を網羅しているわけではない。また同じ路線番号でも、バスのタイプが違うと別のところに行ってしまうこともある。バンコクのバスは奥が深いのである。

ところで、よくバンコクのバスを利用する三重県伊勢市のNさんから11番にまつわる良い話を聞いた。彼は雑貨などの仕入れにタイに頻繁に来ているが、11番に乗ってシーナカリン通りに行った際、座席にうっかり財布を忘れてきたのに気づいた。すぐ後続の２０６番に乗って11番のバスを追いかけたが、路線の関係で、最終地点の車庫にはNさんが乗った２０６番の方が先に着いた。しばらく車庫で待っていると11番がやってきた。半分以上あきらめながら自分が座った席に行ってみると、財布はちゃんとそこにあった。

Nさんはたいそう感激した。乗務員の人たちも「よかったなあ、財布見つかって」と祝福してくれた。Nさんは心からお礼を言って帰ってきたが、そのとき撮った写真を見せてもらった。

ＢＭＴＡのホームページには落とし物の告知もある。

http://www.bmta.co.th/th/lostandfound.php

もしバスで落とし物をしても、あきらめないでＢＭＴＡに連絡してください。緊急電話は一八四です（営業時間のみの受付）。

（取材　二〇〇七年九月一四・一五日、二〇〇八年一月一日）

皆さん 11 番に乗ってみてください、待ってます

BMTA と始発と終点が違う 11 番ミニバス

N さんが撮った写真

第2章

サナームルワンから ごみの街へ80番

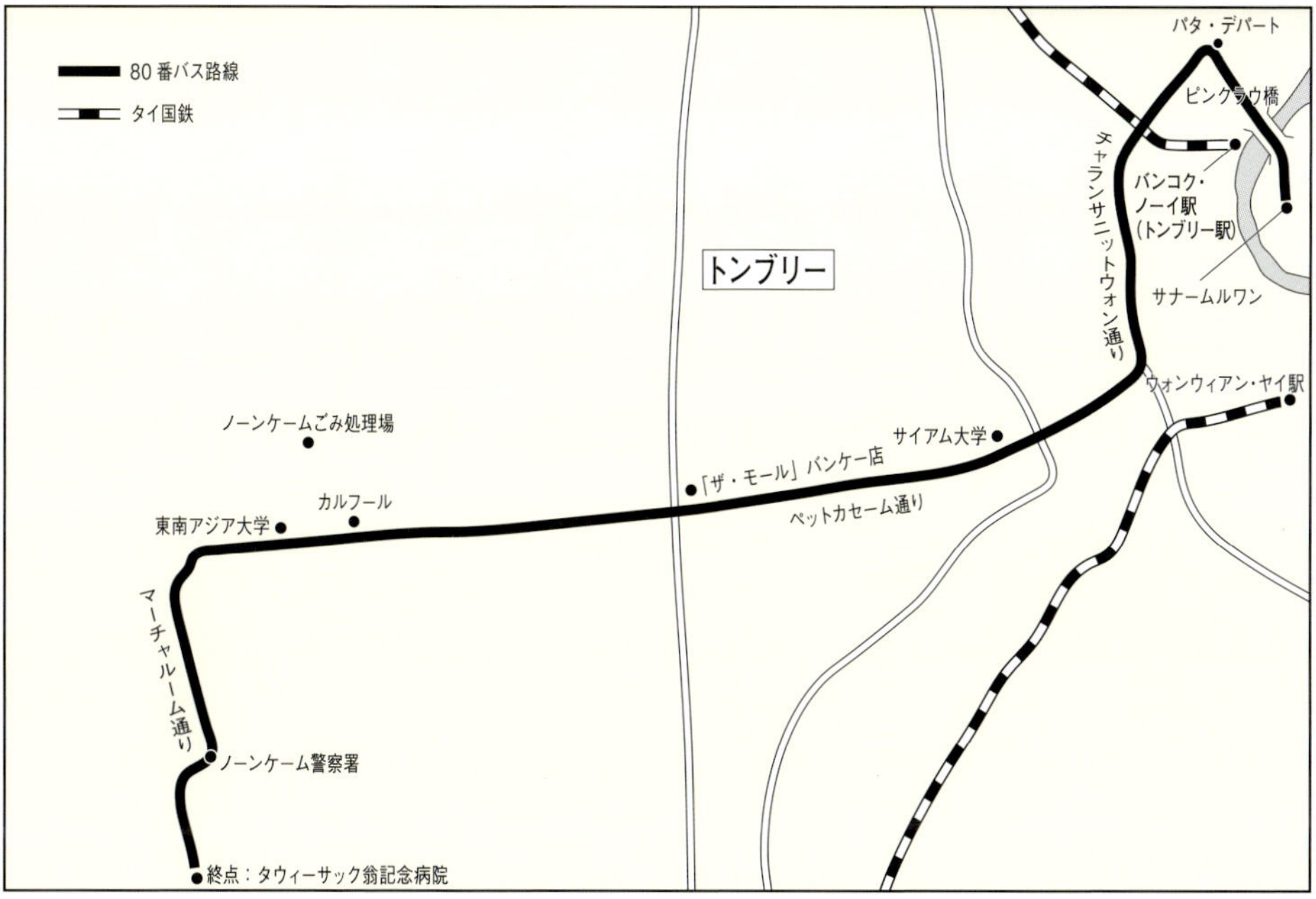

ごみは大切

ノーンケームの内部

ノーンケームごみ処理場

ごみをほじる人

80番はサナームルワンからノーンケームに行くバスである。ノーンケームにごみの最終処理場がある。そこにはごみを集めて分別し、再処理工場などに売って生計を立てている人たちがいる。タイの人たちはこうしたごみの山の中で働く人々を「クイ・カヤ（ごみをほじる人々）」と呼ぶ。

まあ、人々からあまり尊敬される仕事ではない。しかし、かく言う私も「なかなか捨てられない人」で、おのずと部屋はモノであふれることになる。人が見ればごみの山と思うかもしれない。日々の糧を得るため処分場で暮らす人々の生活の中身や苦悩は知る由もないが、なんとなく親しみが沸くような気がする。

二〇〇六年（タイ暦二五四九年）九月、友人のK君とこのノーンケームごみ処理場の人たちの話を聞く機会があった。知らないことばかりでいろいろ考えさせられた。

サナームルワンで見たこと

80番のバスは「サナームルワン」から出ている。サナームルワンは英語では The Royal Field と言っている。日本語では「王宮前広場」[*1]と呼ぶことが

*1 ガイドブックでは王宮、ワットプラケオ、エメラルド寺院、グランドパレスなどいろいろ呼び名で呼ばれている。ラーマ一世王が現在のバンコクの地に建都する際、王宮の中に一番高いお寺を建てたので、王宮兼王室寺院とでも呼ぶべきであろうか。

夕暮れ時のサナームルワン

今は平和なサナームルワン

サナームルワンの看板

203のミニバスからサナームルワンをのぞむ

これもサナームルワン周辺

サナームルワン周辺

多い。ラーマ一世時代（治世一七八二～一八〇九年＝タイ暦二三二五～五三年）から、国の行事に使用されていたが、その当時は「トゥンプラメル」と呼ばれていた。

一八五五年（タイ暦二三九八年）、ラーマ五世王（治世一八〇二～一八六八年）によって、現在の「サナームルワン」という呼び名になった。王宮を中心とするこのあたりの都市設計は、ラーマ一世王がフランスから街づくりの専門家を招き、西欧の街づくりを見習って作らせたと聞いている。

ここは都民の憩いの場でもある。強い風が吹くことが多い四月には凧揚げをする人々をよく見る。しかし、七〇年代、九〇年代は反政府集会で死傷者を出した民主化運動の闘いの場所でもあった。

一九九二年の「プルスパー・タミン[*2]（五月の惨事）」の時には私も既にバンコクに住んでいて、事件前後、毎日のようにサナームルワンに通っていた。五月一七日が一番死傷者を多く出した悲惨な日だったが、その前の数日間、サナームルワンのあの暑い中で（特に九二年五月は暑かったように記憶している）、タイの国旗を持って、何かを想い、じっと座っている人々の姿は、私が知っていた「いつもへらへらしているタイ人」とはまったく違っていた。

あの当時タイは経済状態が良かったが、その恩恵にあずかれない人々は普段から不満を持っていた。一部の頭脳労働者の賃金は上がるものの、彼らはいっこうに底辺の生活から抜け出せない。社会に不満を持った愚連隊が町に繰り出し、オートバイで群れをなし、信号機を割ったりして街中を走り回っていた。私は中央駅（ファランポーン）の近くに住んでいたが、近所の店舗が

＊2　九二年四月七日、以前軍事クーデターを起こし、革命評議会議長だったスチンダー将軍が自ら首相の座に就くことを発表した。この日から、独裁政治に反対する民主化運動グループの反スチンダーキャンペーンが徐々に拡大、五月からサナームルワンで大きな集会となって、軍が鎮圧に乗り出し、多くの死傷者を出した。一九日には国王陛下がスチンダーと民主化運動のリーダー、チャムロンを王宮に呼び、和解を呼びかけ、事態は沈静化した。

2007年6月のタックシン支持者たちの集会

それを見る人たち

凧を揚げる人たち

トンブリー地区屈指のデパート「パタ」

橋を渡ってトンブリーへ

やってきた 80 番のバス

すべてしまっているのを初めて見た。

この状態が数日続いたあと、タイ国軍がデモ隊を銃によって鎮圧し、死傷者を出した事件へと繋がっていったのだ。

今はそのサナームルワンも年末の選挙を前に政治活動が制限されているため静かであるが、少し前まで、タックシン元首相の支持者たちがタックシンおろしの動きに対抗して支援集会を開いていて、土日は異様な雰囲気だった。

川を渡ってトンブリーへ

王宮前広場から目的地のノーンケム最終ごみ処理場に行けるバスは二路線あるが、今日乗るのは80番のバスだ。

オレンジ色のユーロ２基準・ＢＭＴＡのエアコンバス。乗るとすぐ車掌がやってくる。「最終地点まで」と言って払った乗車賃は二二バーツであった。

バスはサナームルワンを出て、すぐにトンブリー側に進路を切る。トンブリーというのは、現在の首都バンコクの川向こう一帯で、一七六七～八二年（タイ暦二三一〇年～二五年）にはここに首都があった。

このトンブリー王朝を治めていたのが、プラチャオ・タークシンである。現在のタイの歴史教科書では、あまりトンブリー王朝を詳しく扱っていないようである。バンコク王朝（現在のラタナコーシン王朝）への遠慮があるのだろう。

ピンクラウ橋を渡るとトンブリーである。この橋は一九七三年、日本の援助の一環として、大林組と住友建設によって建設された。

渡って二つめのバス停右手に「パタ・デパートメント」がある。バンコクでは老舗のデパートだが、珍しいのは上層階に動物園があることだ。一度デパート火災があった際には、デパートの上層階に動物園を設置するなど非常

ペットカセーム通りの「ザ・モール」バンケー店

チャランサニットウォン通り

パタデパートから見た正面のバス停

乗客は夕方のせいか学生が多い

ソンテウが来た

途中、給油

識だと非難されたことがある。最近、内部を改装した。庶民に親しまれている敷居の高くないデパートの一つである。

パタ・デパートを過ぎるとバスは左に曲がる。チャランサニットウォン通りである。下町のこの通りは左右に商店、映画館、小規模なスーパーマーケットがたくさん並んでいる。

バスはチャランサニットウォン通りをひたすら南に走り、ペットカセーム通りを右折すると、それからはこの道をえんえんと西に進んでいく。

目的地のノーンケームごみ処理場に行くには、「カルフール」ノーンケーム店を目印にバスを降りればいいはずだ。しかし、意外と目立たなくてあやうく見落としそうであった。

近くの交差点からモーターサイに乗って、ノーンケームごみ処理場に向かった。一五バーツ。ソンテウなら五バーツである。

ソンテウはだいたい大通りからバスを降りて小路に入る入り口で待機している。荷台に七~八人座れる構造になっていて、住宅地を抜けて乗客を家の前で降ろしてくれる。小回りのきく便利な乗り物だ。距離に関係なく料金は一律が普通だが、この路線は夜九時半以降は一〇バーツになる。

不法侵入者と呼ばれないために

ノーンケームごみ処理場に着いた。入り口には「バンコク都指定コミュニティー・ノーンケームごみ基地」と書かれている。住人の多くは都が収集してくるごみを目当てに集まった人たちで、ごみの山をかきわけ、価値のありそうなものを探して、リサイクル業者あるいは中古品販売業者に売って生計を建てている。かつては「不法侵入者」のレッテルを張られた人々である。

現在は、NGOや住民代表が政府機関と協力して、住民に宅地と家を持た

ごみがいっぱい

ノーンケームに入っていく

モーターサイが待っている

ここにも建築中

夢のマイホームが

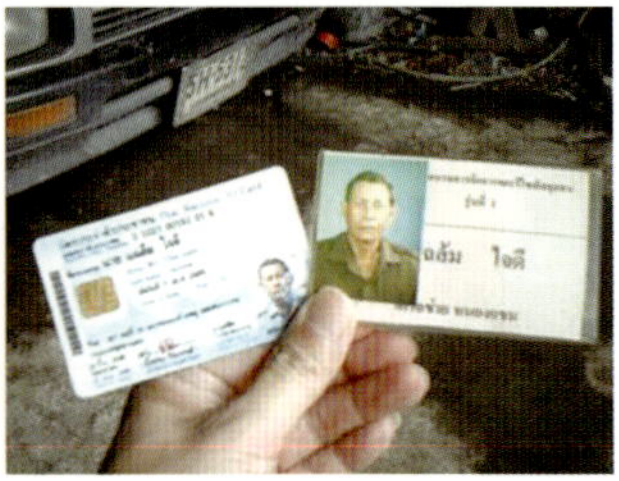
ごみ処理場の証明書

せようというプロジェクトが進んでいる。二〇〇六年にNGOのリーダーであるバンチョンさんに聞いた話では、住民は協同組合を組織して住宅設置プロジェクトの会員となり、毎月七五〇バーツか毎日二五バーツを積み立てている。二年間積み立てると、住宅建設がスタートする。ノーンケームごみ処理場コミュニティー全住民一七六世帯のうち一二六世帯がこのプロジェクトの会員である。[*3]

タイのコミュニティー活動の特徴として、なにかプロジェクト（積立貯金など）を始める際、会員制を採用することが多い。会員は「サマーチック」と呼ばれ、会員証が発行される。

プロジェクト全体の予算規模は三二〇〇万バーツ。そのうち九〇％は政府機関からの借り入れで、残り一〇％がコミュニティーの積み立てである。一五年のローンを払い終えると家と土地は自分のものになる。

調査に来ていたK君と一緒にごみ集めを仕事としている人に話を聞いてみた。

以前、景気のいい時代はけっこう良い収入になっていて、一日五〇〇バーツ程度稼いだこともあるという。現在の業者へのごみの売り渡し価格はしんちゅうが一キロ三〇バーツ、プラスチック類が一キロ二バーツということだった。

この人はごみを分別して業者に売っていると同時に、バンコク都から雇われ、道路の清掃婦としても働いている。一日あたりの賃金は約二〇〇バーツ。朝早くから仕事が始まるため、送迎用の車（トラックの荷台）に乗って指定された通りに向かう。月二〇日労働で六〇〇〇バーツの収入になるということだった。

このコミュニティーに住む住人九三世帯を対象にしたK君の調査では、月の収入二〇〇〇バーツ以下の人から三万バーツに及ぶ人までいろいろな人が

＊3　二〇〇六年（タイ暦二五四九年）調査時。以下の数値はいずれも当時のもの。

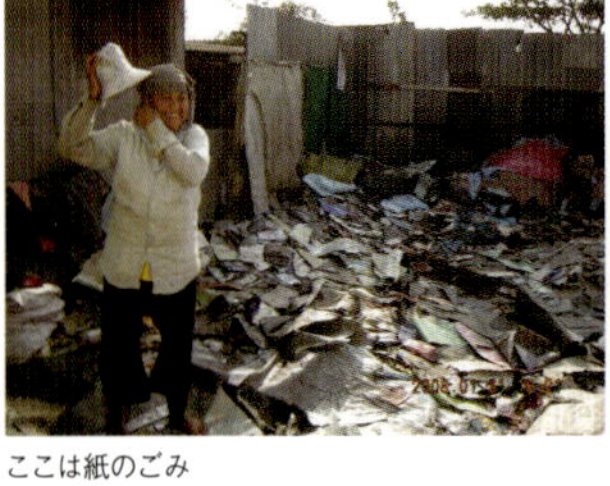
ここは紙のごみ

「商品」をきれいに洗う

ごみは財産

ノーンケームの住人。助け合いが絆を強くする

ごみの中を行くチャラムさん。ついていくのがやっと

チャラムさん

いたということがわかった。

リヤカーでごみを回収して回っている「サーレン」と呼ばれる職業の人たちもいる。サーレンはラッパを鳴らし、足こぎリヤカーで住宅地などを回ってごみを集め、それを分別し売って生計を立てている。歳を取るとなかなか大変な仕事である。売り上げは一日せいぜい一〇〇バーツ程度で、生活は厳しい。

ごみ集めから出世したたくましい人もいる。チャラムさんはその一人である。三〇年以上このコミュニティーに住んで、ごみの山をかき分ける生活をしていたが、現在では自分で分別工場を持っている。自分の支出はできるだけ抑え、ひたすら貯蓄に精を出し、徐々に必要な設備を揃えていったそうである。

しかし、ノーンケームごみ処理場の住人はみんな元気だ。子供たちもごみの中を飛び回っていた。

ここまでがK君と調査に行った二〇〇六年九月の話である。

脆弱な人々

二〇〇八年一月、ノーンケームの人たちにまた会いたくなったので、80番のバスに乗ってやってきた。

久し振りに会ったNGOリーダーのバンチョンさんは元気だった。バンチョンさんはこの近くで商店を経営していたが、商店は奥さんに任せ、今はこのノーンケームの住人のためのNGOの活動に専念している。ノーンケームの人たちのための活動は、もう一七年になるそうである。バンチョンさんも入れてノーンケームの住人のために働くスタッフが五人いる。

あれから一年四ヵ月、ノーンケームの住人たちの夢のマイホームが建設中

住民リーダーのバンチョンさん

子供はちょっとはにかみや

仲間で自炊。これは食費を浮かせる妙案

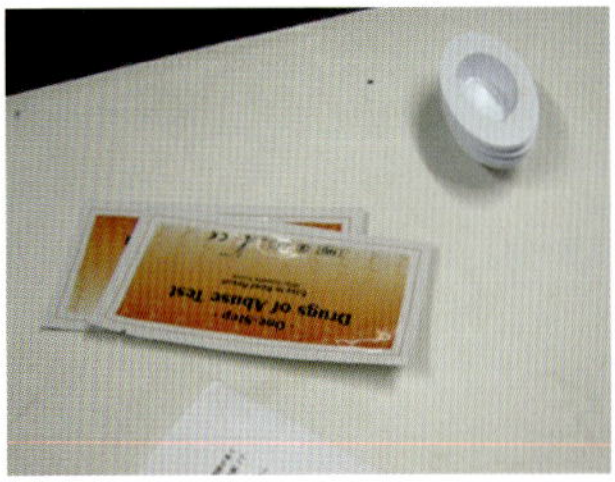

麻薬検査の試薬

積み立て金を払いに来た住民

住民を支えるNGOスタッフ

だった。プロジェクトが完成すれば一五〇世帯が入居できる予定になっている。自分の家と土地の権利を得れば、「不法占領者」のレッテルを貼られることもなく、役人が来るたびに逃げ回る必要もなくなる。

　このようにいつも生活基盤がしっかりしておらず、政府の取り締まりにあったり、災害などで急に生活が脅かされてしまう人たちは「脆弱性を持った人々」と言われる。社会的立場が弱い人々のことである。彼らは日々安定した生活を送っている一般の人々にはなかなか理解されず、「怠惰だ」、「向上心がない」等さまざまな誤解・偏見が付きまとう。

　しかし、毎日の生活を切り抜けるのに精一杯の人々を理解するのは、脆弱な基盤の上に立っていない人にとっては難しいことかもしれない。

　このコミュニティーに、出生証明書がなく、タイ国民である証明ができない女性がいた。身分が証明できなければ家は持てない。出生証明書・身分証明書を作成するためには、父、母、本人三人のDNAを調べる必要だったが、その鑑定料一万五〇〇〇バーツはNGOがなんとか都合をつけてくれ、彼女は晴れて一軒家のオーナーとなった。

　彼女の旦那はアル中であった。バンチョンさんの度重なる説得と子供が生まれたこともあって、彼は酒をやめた。収入に余裕もでき、家も持てた。住民とNGOが力をあわせて、脆弱性を乗り越えたのである。

　スリランカのグラミン銀行の成功（ユヌス総裁が二〇〇六年のノーベル平和賞受賞）以来、人々の脆弱性を軽減させるためのさまざまな方法論が注目されているが、方法論に振り回されるのは間違っている。あそこが成功していて、ここは成功していないのは手法が間違っているという論議である。

　方法論だけで人は救えない。グラミン銀行も、コミュニティーをよく知った担当者が住民をこまめに訪問し、状況をよく把握していたからこそ成功したのだと思う。国際間の援助（支援）も、対象者の内部に入り、よく理解し、しかも支援側にも信頼がある人々の存在が非常に重要だ。しかし、日本を含めて海外の国際機関には、こういうコーディネーターの存在の重要性の認識

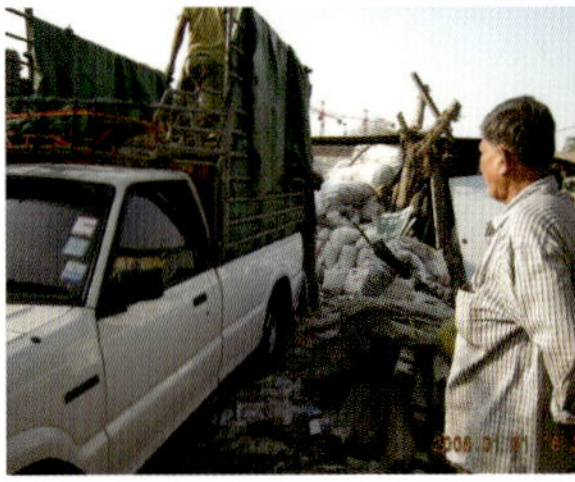
新しい「原料」が届いた

アイスクリーム屋さん

豪邸も建っている

のどかな日曜日

道端でバナナを売っていた

再び80番に

が少ない。

バンチョンさんの話を聞いて強く感じたのは、一七六世帯という比較的小規模なコミュニティーだったことと、バンチョンさんというこの地域の問題をよく知っているリーダーを得たことの重要さである。良きリーダーを得るということはコミュニティー開発に欠かせない要素だ。政治家などに支援を求めたが、住民には得るところなく、政治的に利用されただけという話もよく聞く。そして「継続」。バンチョンさんは「この仕事は難しくないが、時間がかかるよ」と言っていた。

リサイクル業を営むチャラムさんを訪ねる。ちょっとほっそりしたと思ったら、通風で食事制限をしているそうである。スクラップ工場は相変わらず雑多なごみで足の踏み場もないくらいだったが、一昨年に来た時より山が少なくなっている。チャラムさんはこの足の踏み場もないごみを「商品」（シンカー）と呼ぶ。

チャラムさんは新築の住宅を二軒買った。毎月二〇〇〇バーツ以上のローンを払っている。最近リサイクルが注目され、収入が増えたそうである。

のどかな日曜日

カルフール・ノーンケーム店近くの交差点までモーターサイで戻り、再び80番のバスに乗った。

乗客はほとんど降りてしまっていて、車掌も途中から乗ってきた別路線の同僚とおしゃべりを始めて、すっかりリラックスしている。ペットカセーム通りから、左に折れ、マーチャルーム通りという、直訳すると「来たら金持ちになる」という、なんとも現金な名前の通りに入った。いかにも郊外という雰囲気の中を通り、しばらく行くとバスの終点である。

整然とした住宅街

タウィーサック翁記念病院

終点でくつろぐ乗務員

揚げたチキンステーキ。悪くなかった

ベーカリー兼レストラン

グラジオラスが咲いている

バスの終点地というのは、必ず食べ物屋がある。バスの乗務員は次の便が出るまでの間しか、食事をとる時間がない。つかの間の休息である。

終点の横には病院と職業学校があった。タウィーサック翁記念病院とある。都立の病院だ。なかなかいい環境のところにある。私の同僚のBさんのお母さんもここに定期的に治療に通っている。公立とあって治療費は安いそうだ。

この日は日曜日だったので、人影はほとんどなかった。お昼時になったので病院で食事でもしようかと思ったが、日曜日で病院の食堂はやっていなかった。

最上階に上がって景色を見てみる。のどかな住宅街である。赤い屋根の全く同じ形の家が並んでいる。自分の家を間違えることはないのだろうか。

歩いてバス終点まで戻る。乗務員が食べている食堂で食べてもよかったが、あいにくテーブルが一つしかない。運転手と車掌が四、五人食事しているので、もう座る余地がない。

ちょっと歩いて食べるところを探すとする。途中、グラジオラスが路肩にきれいに植えられている。バンコクといっても郊外に来るとこんなすがすがしいところもあるのだ。

さっき来た時バスの中からベーカリーがあるのを見かけたがと思って歩いていると、すぐ見つかった。中に入るとこのベーカリーはステーキ屋さんであることもわかった。早速ビールも注文していい気分になる。ステーキはタイではよくある、鶏の揚げた肉だった。

郊外にしてはなかなかしゃれた店だった。ビールとステーキ全部で一〇〇バーツもしなかった。満足する。

しかし、あいにく強い雨が降ってきて、ここで時間をつぶすしかなくなった。目の前ののどかな通りを80番のバスが何度も往復していった。

しばらくして雨がやんだので、ベーカリーの前でバスを停める。来た道を戻るだけだが、往路とは違った発見がある。学校、瓦を売っている店、商店などが続く道を抜け、ペットカセームに出てUターンだ。

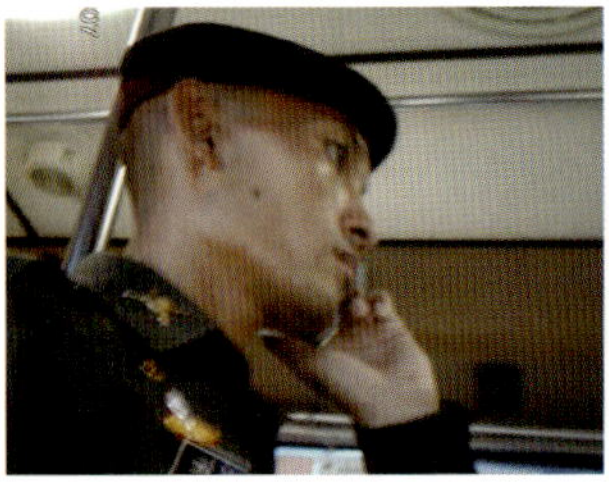
隣に座った軍人

ペットカセームでUターン

店の前。すれ違う80番どうし

お気に入りの喫茶室だったが

ペットカセーム通りには意外と大学が多い。左手に東南アジア大学が見え、だいぶ都内に入ると、サイアム大学がある。サイアム大学は観光学科で日本語を教えている。日本人教員が私が知っているだけで五人いるが、すべて男性というのが珍しい。

雨はすっかり上がっている。このペットカセーム通りは本当に雨が降ったのかと思うほど路面は乾いていた。

帰りはパタ・デパートのお気に入りの喫茶室で一服していこうと楽しみにしていたが、喫茶室は改装中で、工事作業員のおばさんが一人でござを敷いて寝ていた。

（取材　二〇〇七年一〇月一四日、二〇〇八年一月三一日）

改装中。ござとおばさん

第3章

ニューフェースの黄色いあいつ エアコン8番

タクシー・アッチャリア

来ないわねえ。サパーン・カーウのバス停

黄色いあいつに出会った

バスは来るのか来ないのか

土曜日はいつもトンブリー側に住む友人を訪ねていくのだが、帰りにチットラダー王宮[*1]の横を通った時に黄色のきれいな新車の8番に出会った。その前にラーンルワン通りでもちょっと見かけたが、窓が大きく、ヨーロッパの車両のような感じでこれまでバンコクではお目にかかったことのない、洗練されたタイプだった。さっそく乗ってみようと思い、他の用事もあったのでサパーン・カーウの交差点にやってきた。サパーン・カーウは「白橋」という意味で、交差点はその橋の近くにある。

エアコンの8番と普通の8番とが同じ路線を走っているとしたら、サパーン・カーウで待っていれば乗車できるはずである。さっきから三〇分程度の間にもう三本もこのバスが行き来している。本数はあるようだ。

希望している路線のバスが頻繁に来ていると安心する。しかしいつもそういうわけにはいかない。こちらは「当てにして」バスを待っているので、いつ来るのか（来ないのか）、わからない今のバンコクのバスシステムは何とかならないだろうかと思う。

不思議な仕掛け

「タクシー・アッチャリヤ（天才タクシー）」というものがある。バス停のよ

＊1　王宮といっても、ワットプラケオに隣接されている王宮ではない。今でも王宮と言っているが、現在は式典の時しか使われない。現在、国王陛下が住んでいるのは「チットラダー（正確に言うと）離宮」である。

売りに出ていた個人タクシー

一部同じ路線を走る 44 番

ご丁寧に柵まであるタクシー・アッチャリヤ

セントラル・ワールド前

今はひっそり残骸が

以前は次に来るバスが表示されていた

うなスタンドにタクシーを呼び出すボタンがあって、これを押すとスタンドの天井の上にある緑色燈が光り、同時にセンターが近くのタクシーを呼び出すという仕掛けだ。これがバンコクの中心部に多く設置されているが、繁華街にあるデパートの脇にあるスタンド以外は使われているのを見たことがない。ところによっては人が入れないように柵までしてある。

こんな無用なものを作るのだったら、希望の路線バスがいつ待っているバス停に到着するのかを知らせる「ロットメー（バス）・アッチャリヤ」を設置してほしいものだ。*2

実際、数年前まで、セントラル・ワールド・プラザ（当時はワールド・トレード・センター）の前のバス停には近づいてきたバスの番号を知らせるテレビ画面が設置されていた。どういう仕組みになっているのか不思議で当時友人と話し合ったことがあるが、「だれか係りの人がどこかで見ていて、ボタンを押して知らせているんだよ」という話（推測）だった。

確かにそうとしか思えない。とするとどこかに監視搭があって、来たバスの番号の信号を送っているということだが、いくら人件費が安いタイでもそんな暇つぶしのようなことをしているだろうか。この装置は私にとってはすごく有用だったが、バスを待っているタイ人はほとんどこの画面に注意を払わなかった。つまり利用者はほとんどいなかった。どのバスが近づいてこようと、来たバスに乗るだけだから、タイ人にとっては大して有用な装置ではなかったのだろう。自分が乗る目的のバスが近づいてきたからって、どうっていうことはない。来たら乗るだけである。来なければ待つだけである。

近くにバスクーポンを売っているBMTAの職員が座っていたので、どういう仕組みになっているのか尋ねたが、彼もわからない様子というか、ほとんど興味がないといった態度で、答えは要領を得なかった。

＊2　二〇〇四年、アピラック都知事が当選した際、公約として、「ロットメー・アッチャリヤ」を作ると言っていたが、その後、これが登場したという話は聞いていない。

夜のセントラルワールド前

セントラルワールド前の露天

セントラルワールド前のバス停

サパーン・カーウ停留所のプランター

サパーン・カーウの看板

サパーン・カーウ

結局、この仕掛けは二〇〇六年に撤去されてしまった。その後他のバス停でも見たことはない。もう一度復活させてほしいものだ。

そんなことを考えながらサパーン・カーウの交差点に来た。「サパーン」は橋、「カーウ」は白の意味で実際白く塗られた橋が架かっている。ただしバンコクの橋、特に多少古い時代に建造されたものはほとんど白く塗られているので、特別この「白」に意味があるとは思えない。近くに歴史的経緯が書いてある看板があったので、読んでみると、ラーマ五世国王のご発意で一九〇四年（タイ暦二四四七年）に完成したそうだ。正式名はチャトゥラパック・ラーンサリット橋という。「サパーン・カーウ」は橋の呼び名というよりも、この交差点の呼び名になっているのだ。

タイ人と映画

この付近には以前、大きな映画館が二つあった。一つは通りをはさんで南側にある「パレーツ映画館」、もう一つはその向かいにある「コロシアム映画館」で、この二つの映画館はしのぎを削っていたが、「パレーツ」はだいぶ以前に、コロシアムはつい最近、閉館になってしまった。

最近はこのように単独映画館（単館）はあまり人が入らなくなってしまった。では、タイでは映画産業が衰退しているかというと、そうではない。むしろますます盛んであるように思える。休みの日に大型ショッピングセンターの最上階にある映画館は家族連れ、アベックで大変にぎわっているし、夜八時以降割引などがあって普段の日にもけっこう映画館に足を運ぶ人がいる。

ではなぜこの二つの映画館が閉鎖に追い込まれたかというと、ショッピングコンプレックスのような大型商業ビルの映画館に客が吸収されつつあるからだ。理由はタイの人たちの映画の見方（どういう条件下で映画を見に行くか）

「元」パレーツ映画館

そろそろ屋台の準備

サパーンカーウ市場はいそがしそうだ

ボーベーの中に入ってみる

今はがらんとしている。だいたい誰か寝ている

「元」コロシアム映画館

にある。日本人なら自分が希望している映画がどこでやっているか情報誌などを見て探す。タイもそういう場合もあるが[*3]、映画館に行ってみて自分が見たい映画がやっていたら入るということが多い。特に友達や恋人同士の場合そうなる傾向が強い。この場合、食事・買い物などが一緒にできると都合がいい。

ましてタイの人は食べることにうるさい。これは絶対落とせない。となると、映画の前後にどこで何を食べるかはタイの人々のレジャーの過ごし方でもっと大切な条件になる。

ショッピングセンターなら、タイスキー鍋の店、ケンタッキー、マクドナルド、「ヤムセーブ」[*4]、「ブラックキャニオン」[*5]など選択肢がたくさんある。このほかに駐車場の問題もある。パレーツとコロシアムは二館とも駐車スペースがほとんどない。市場街の真ん中だからだ。

ボーベー衣料市場

パレーツは今でも何も使われず廃墟となっているが、向かいのコロシアムは「タラート（市場）・サパーンカーウ」というマーケットになった。ここはマーケットといっても、この近くにある「ボーベー」という一大衣料雑貨市場の影響を受けて、衣料が中心のようだ。

＊3　この場合タイで活躍するのは一般大衆紙だ。映画の宣伝のページが必ずある。
＊4　おつまみ程度の小料理のメニューがたくさんある。ヤム（タイ風辛いサラダ）が主だが、ご飯ものもある。
＊5　タイのコーヒーブームに乗った勝ち組のタイ風カフェ。カフェといっても食べ物のメニューが充実しているのが特徴。グリーンカレー風のパスタなど、創作料理も魅力の一つ。

市場の店も安いが露天も安い

ボーベーは運河に沿っている

ボーベー・アーケード

渡りまーす

露天でもユニークな衣料が

服が安い

このサパーン・カーウから南に広がっているボーベー地区はプラトゥナームと並ぶバンコクの一大衣料市場だ。ボーベーの方がプラトゥナーム地区の衣料雑貨市場よりさらに一段安い、流行とはあまり縁のない安物衣料を扱っている庶民向け衣料市場だ。

衣料を束ねたリヤカーが行き来している。ピンクの「ボーベー・タワー」[*6]というシンボル的存在ができてからは衣料品業者以外に、一般の人も買いに来ているようだ。またボーベー地区の衣料業者もそれを狙っている。

さて、映画館の役目を終えたコロシアム映画館だが、手前に露天のスペースを貸し出しているだけだ。肝心の建物は、化粧直しが終わっているのだが市場としてはまだ使っていないようである。

タイの風水

この二つの元映画館の写真を撮るため、歩道橋の上を往復していると、道路から階段を上がった通路とは反対の建物の三階の高さのところに飾りが掛けてあるのが目に入った。タイの人は三叉路など、通りの突きあたりを嫌う。そして、通りから直接向かってくる「悪気」を鏡がはねかえし、家に入ることを防ぐ工夫をする。一種の「風水」である。「チョン」とも言われる。

横にココナッツでできた飾りがあったが、これは何なのだかわからない。一見ハロウィンで使うかぼちゃのようにも見える。ふちをぎざぎざに切ってあることに何かの意味があるのだろうか。

右の古い図面のようなものも気になる。これはバラモン教のおまじないの

＊6　正確にはプリンスパレス・ホテルである。最上階の中華料理店は評判がよく、政治家が集まる場所として有名である。

建物に気がまともに当たるのを防ぐ（中央駅近く）

歩道橋通路の正面にあるのに注目

これが歩道橋の上にある怪しい風水？

Gros Michelという種類

サパーン・カーウ市場の果物売り場

ずらりと並ぶバナナ

一種だと思う。いずれにしても邪気を追い払う類のものだ。この地区から程遠くないバンコク中央駅の近くに巨大な風水の飾りがある。これは５０８番のバスに乗ると必ず見ることができる。

タイのバナナ

パレーツ映画館のまわりには、なぜか果物の市が多く立つ。見ていると特にパイナップルが多いようである。産地に案内してくれたタイの業者が、パイナップルはサボテンの仲間で、降雨が少ない地域でもよく育ち、むしろその方がおいしいと言っていた。タイでも雨季のパイナップルはおいしくない。果物の取引を手伝っていたころ、一〇月に日本の生協の人と一緒にサケーウ県[*7]の産地を見に行ったことがあり、とれたてのパイナップルを食べてもらったが、あまり評判がよくなかった。青果業界では、「味がぼけている」と言うそうである。

バナナもたくさん置いてあるが、たぶんパトゥムタニー県[*8]で栽培されているものだと思う。ここらで売られているバナナは「クルワイ（バナナ）・ホームトーン」と言われている種類で、これはタイの人にはあまりありがたがられない。日本で売っているフィリピンのバナナを皮を薄くして、実を大きくさせたようなもので、Gros Michelという東南アジア原産の種類である。

一般のタイ人が好むバナナは日本でモンキーと言われる「クルワイ・カイ」か、子供の時に離乳食として食べられる「クルワイ・ナムワー」[*9]である。

＊7　サケーウ県はバンコクから東に二三七キロ。カンボジアと国境を接している。

＊8　バンコクから北に約五〇キロ。日系企業の工場や工場団地がある。ホームトーン・バナナの生産地としても有名。

＊9　学名Musa sapientum.L.　日本でも沖縄にはあるらしい。

パイナップルもたんとある

ラップする店も

このように吊るして売っていることも多い

これは８番ノンエアコンの車内

ニューフェース８番の車内

来た来た、新車のエアコン８番

黄色い新車

サパーン・カーウで黄色い真新しい車両を待っていると、程なく目的のポー・オー8[*10]がやってきた。このバスが走る以前は8番路線にエアコンバスは走ってなかった。

この黄色い新車両は中国の上海申龍客車有限公司のバスらしい。バンコクの日本語新聞News clip紙によると、BMTA（バンコクバス公社）にも二〇〇八年一月から一台五五〇万バーツでタイの現地生産工場から月一六〇台ずつ納車されるそうだ。

この新車のエアコンバス8番を運行しているのは「シティバス」という民間会社で、BMTAから路線を走る権利を与えられている。このように民間会社に委託されている路線は、バンコクを走っている大型バスのみの台数ベースでほぼ半分にのぼる。[*11]BMTAではなるべく従業員も車両も自分で抱えないようにしているようだ。

この「シティバス」という会社は従来ノンエアコンの8番を運行していた会社とは別の会社のようだ。以前92番のバスのお尻に「シティバスの運転手募集」という広告を見かけたことがあるので、92番も運行しているのだろう。

新型バスは低床構造で、お年寄りや子供も降り乗りしやすい。バリヤフリーを意識した構造であるが、車椅子の人まで考えている構造にはなっていないので、そのためのスペースはない。まだ乗務員が足りないと見えて、車内には従業員募集の広告が貼ってあった。

＊10　「ポーオー」はタイ語でair conditionerの意味。

＊11　BMTAが把握しているバスはおよそ一万七〇〇〇台。中小の車体のバスを入れると二四%がBMTAのバス（一四ページ・五七ページ参照）。

８番は低床構造

８番の運転手

ニューフェース８番の運転席

クローントムセンター。でもよく見ると…

いろいろな物が並ぶ「泥棒市場」

クローントムに入ってみると…

「終点まで」と車掌に言うと、「橋のところまでか」と聞かれたので、とりあえず「そうだ」と答える。8番の路線はラートプラーオ通りから来て中華街に向かうことは知っていたが、その先のことはよく知らなかった。とにかくこの新車両に乗ってみたかったのである。

泥棒市

サパーン・カーウを過ぎたあと、ワラチャック通りに入り「道具街」と言われるクローントムというごちゃごちゃしたと地域を通る。このあたりは「泥棒市」とも呼ばれ、どこから外してきたかわからないような電気・自動車部品類、工具、安い服、食べ物、など雑多なものが売られている。

このクローントム地区に「クローントム・センター」というショッピングモールが見えたのでびっくりした。あまりにも場違いだ。ところが、帰りに中に入ってみると、何のことはない、昔からクローントム地区にある店舗と同じような小規模露天の集合体で、モーターなどの電気部品や電池、筆記用具、CD、果ては仏像ペンダントまで所狭しと並べて売られている。まるで昔の秋葉原の電気街である。

タイのコーヒー

狭い路地の突き当たりにまたテナントビルがあり、コーヒーが飲みたかったので中に入った。コーヒースタンドがあったので、豆から挽いた二五バーツのモカのホットを頼んだが、香りもコクもない普通のコーヒーだった。

コーヒースタンドがあった

なんでもあり

秋葉原か！

テーブルも椅子もシンプル

1杯25バーツのモカ

コーヒー屋が入っているビル

いや普通のコーヒーなら香りがあるだろうと言う方は、あまりタイで豆から引いたレギュラーコーヒーを飲んでいない。原因は、まず豆を挽いて何週間も経っている。また豆の鮮度自体も悪い。タイ産の豆でかまわないので、なるべく新鮮なものを使って、飲む時ごとに挽いてくれたらずっとおいしいものになるにと思うと残念だ。タイでコーヒーの香りを楽しむのはまだ一部の人のようだ。

タイのコーヒーは、世界中のコーヒーの七〇～八〇%を占めると言われるアラビカ種である。日本人は一般に多少酸味のあるロブスター種を好む。タイ人の友人と日本に行った際、日本のコーヒーはすっぱくておいしくないと言っていた。日本人にとってタイのコーヒーは酸味がなく、何か物足りない。ブラックでは飲めないコーヒーということになる。

タイ航空のコーヒーは以前は評判が悪かった。これは一九八八年から北部チエンラーイの山岳民族がケシ栽培の代替物として現金収入を得るために栽培していたものである。王室とタイ政府のプロジェクトにスイスのネッスル社が支援し、タイ航空が優先的に買い取って使っていたが、当時は品種改良が進んでいなかったので、おいしくなかったようだ。現在は品種改良が進み、Doi Tung Coffee として、タイ国内にショップを展開している。

日本人にとってコーヒーは文化の香りのするもので、戦前から「コーヒー文化」が根付いていたとまで言う人がいるが、タイの人々にとってコーヒーは単なるコーヒーという飲み物にすぎない。砂糖と粉ミルクをたっぷり入れて飲むのがタイ人のコーヒーの飲み方である。

最近の日本食、緑茶の楽しみ方を見てもわかるが、「素材のおいしさ」というのはタイではほとんど重視されない。九〇年代半ばまで、ホテルの喫茶室でコーヒーを頼んでも、お湯に溶いたネスカフェが堂々と出てきた。しかし、九八年のスターバックスのバンコク進出以来、どこでも豆から挽いたコーヒーが飲めるようになった。まだ砂糖・ミルク入り、特にアイスが主だが、コーヒー好きにとっては多少ましになった。これを「スターバックス効果」と呼ぼう。

ブラックキャニオンのコーヒー

古き良き伝統コーヒーはこういうところで

時々自分でいれる

終点です

屋台のコーヒーはこんな感じ

デパートの喫茶室のコーヒー

確かにソバ一杯二〇～二五バーツで食べられるこの国で二五バーツのホットコーヒーはちょっと高い。昔ながらの屋台のタイの豆（タマリンドの種をローストした代用コーヒーという話もある）のホットコーヒーはどこでも一〇バーツである。ちなみにスターバックスの「ラテ」は六五バーツで、これは法外というほかない。日本人の感覚で言えば六五〇円出して、いや人によってはそれ以上出してコーヒーを飲んでいるようなものである。[*12]

このクロントム地区のごちゃごちゃ街を過ぎると、もう終点のプラ・ポックラーウ橋である。プラ・ポックラーウ橋は完成が一九八四年（タイ暦二五二七年）[*13]、総工費四億七五〇〇万バーツ。隣にあるプッタヨーファー橋が老築化したので、これと並行して建設された橋である。

チャオプラヤー・エクスプレス

終点には新型車両は私たちが乗ってきたこの一台のみ。運転手さんに新車の乗り心地を聞いてみると、「運転は難しくないよ」という返事だった。

すぐ隣には船着場があった。少女が花束を持ってスピードボートを待っている姿が目を引いた。友達の誕生日か結婚式に出席するのだろうか。その向こうには僧が同じように待っていて、二人のコントラストが面白かった。

程なくスピードボートがやってきて、乗客たちが順次乗り込んでいった。このスピードボートは「チャオプラヤー・エクスプレス」という立派な都市

＊12　バス代購買力平価というものがあれば距離にもよるが二〇〇円＝一四バーツくらいか。スターバックス購買力平価だったら、二六〇円＝六五バーツでほとんど日本と購買力が変わらないことになる。

＊13　プッタヨーファー橋は一九二九年（タイ暦二四七二年）にバンコク建都一五〇年を記念して建設された。

接岸する

船がやってきた

船着場の少女と僧

終点でくつろぐバスの乗務員

終点の 73 番とコーンの屋台

ラッシュ時のチャオプラヤー・エクスプレス

交通だ。Chao Phraya Express Boat 社の運営である。チャオプラヤー川に三三ヵ所の船着場（ピアー）があり、朝五時台から最終は午後七時頃までバンコク・ノンタブリー県を結んで運行している。

朝夕のラッシュの時間帯は船体最後尾の部分までびっしりと人が乗っている。このほかチャオプラヤー川から枝状に分かれている運河（クローン）にもボートサービスがあり、通勤客の強い味方だ。特に異様な匂いが漂うと言われているセーンセープ運河のボートサービスは、匂いさえ我慢すれば、あっという間に家路につけると都民に好評である。

セーンセープ運河の船はこれだけで本が一冊書けそうなほどおもしろい。

腹がすいた

西アジア人らしい三人が桟橋で釣り糸をたれていた。この近くにはパキスタン、インドなどから来ている人たちの居住区もあるようだ。中華街のパフラットというところはインド人オーナーの生地屋さんが多い。特にインドの人は生地が大好きなようで、男同士何人かで手に取っていつまでも生地についてぺちゃくちゃと議論している。ビヤーガーデンで豆を売りに来るのもインド人の商売だ。この人たちはどうやら不法就労で、滞在期限が来るたびに国境まで往復しているという話がある。

三人はこちらをうさんくさそうな目で見ているので、写真だけ撮ってさっさと退散した。さて、腹ごしらえをしようにも、このあたりにはなぜかちゃんとご飯を食べられるところはなく、トーストや、コーンなどスナック程度のものしか売っていない。

コーンを一〇バーツ買って食べてみた。コーンの粒々をナイフで上手に削り落として、鍋で軽く煮て砂糖をまぶしたものだ。スウィートコーンだとし

トースト。お菓子という認識か

トーストを売っている

うさんくさそうにこちらを見る３人

もうそろそろ夕日がまぶしい

左の建物の3階に上がってみた

満腹になったコーン。もう1度行ったら、なかった

たらもう既に充分甘いだろうから「もう砂糖はいらないよう」と思ったが、既に遅しで、ばさっばさっとティースプーン二杯位の砂糖がふられてしまった。缶入りのミルクを掛けて仕上がりである。

この缶入りプレーンミルクはタイ料理には欠かせない。特にトムヤムクンのコクを出すのには絶対必要だ。日本でこの味を説明するのだったら、スキムミルクを水に溶かした味とでも言ったらいいであろうか。思ったほど甘くなかったが、もう食事はこれだけで充分なくらいである。

川べりのレストラン

ふと岸辺の左手を見ると川沿いに机と簡単な椅子を置いたレストランがあったので、歩いていってみる。どうしてこんなところにあるのだろうかというような立地条件である。一階のレストランに入ると昼は営業していない様子だ。店員が指を上に向けて指しているので三階まで上がってみる。

三階のレストランも同様にやっている様子はないが、店主らしい女性に聞くと注文はできるという。よく見ると他のテーブルにも客がビールを飲んだ形跡がある。さっきのコーンでお腹が膨れてしまったので、コーラをもらうことにした。このお店の名前は「スワンアーハーン・ナーンヌワン」という。[*14]最初は下の川辺で営業していたが、新しく土地のオーナーがビルを建設することになったので、三階に入居したらしい。もう一五年も営業しているという。

午後四時からなら食べ物を出せるようだが、人のいない時に来て、高いところからゆっくりチャオプラヤー川の写真が撮れ、逆に私としてはよかった。お勘定をお願いしたらコーラと氷で二五バーツだった。これはこのような展

＊14　ガイドブックにも出ている店。電話02-223-7686。午後四時より営業。

コーラを注いでくれるお姉さん

これから来る客のためにテーブルを拭く

プラ・ポックカーウ橋を望む

なぜか、チャオルワンの花ばっかり

チャオルワンの花輪

レストランから見たチャオプラヤー川

望レストランとしては安い。

メニューを見せてもらって話を聞いた。「うちはもう長いことここでレストランをしているの。けっこう有名店なのよ。そんなに安くないわよ」と言っていたが、アラカルトで魚料理[*15]以外はおおむね一皿一〇〇バーツだった。

タイ人と花

さあ、この近くをひとまわり歩いて帰るとしよう。

バス発着所を出るとすぐ花を売っている露天の店が目についた。菊かと思ったが、「チャオルワン」(マリゴールド)という花らしい。この花で花輪を作っていることがわかった。

花輪はタイの人々にとって重要なもので、儀式などでは必ず登場する。儀式に王室を呼ぶと必ず花束が渡される。直接手渡すことはできないので、足の付いたお盆(ターン)に載せておいて、取っていただく形になる。

日本と違うのは絶対一輪差しにはしないということである。いろいろなものを寄せ集めてバランス感覚を楽しむのがタイ人の感覚らしい。タイスキー鍋など食べ物の楽しみ方もそうだ。展示会や見本市などでも、仮に一つのテーマでやっていたとしても他分野の物がいろいろ入ってくる。日本文化のフェアーに行ったら、なぜか韓国のドラマのCDも売っていた。主催者にとっては「周辺商品」なのだろう。

このあたりは花市場のパークローン市場が近いので原料が豊富なのだろうか。

*15 魚はだいたい姿煮のようにして丸一匹食べるので高い。どこでも最低二五〇バーツくらいから。

近くにこんな車があった

さらにチャオルワンが入荷

贈答用挿花も売ってます

おお、大根大量入荷

ぽやぽや歩いているとどやされそう

農業振興マーケット入り口

タイの大根

隣には「タイ農業振興マーケット」というタイ語の看板の下にT.C.P Flower Marketと書いてある市場があった。

中に入ってみると、目についたのは野菜類で、特に大根がたくさん置いている。タイ料理でも「ケーン・ソム」[*16]などに大根を使うことがあるが、あまり一般的ではないので、こんなに大量に置いてあるのは意外だった。それにタイの大根は日本人の目から見るとどれも貧弱で、他の物価と比較して高い。にんじんなど他の根菜類もみんなそうだ。タイでは根菜はいいものが育ちにくいのだろうか。そのかわり葉ものや水草系の野菜は豊富である。

街の柱

結局そのままサナームルワン（王宮広場前）まで歩いてしまった。この辺はなんといってもワットプラケーウ（王宮寺院）という名所があるが、バンコクにいる者がお参りに行くことはあまりない。せっかくここまで来たのだから、むしろ「ラックムアン」にお参りに行こう。

「ラックムアン」は現在のバンコクを首都とする王朝（ラタナコーシン王朝）が開かれた時、ここに建設された「街の柱」である。これはバンコクだけにあるわけではなく、地方でも村が開かれた時、中心に「柱」を建造する慣わ

＊16　ケーン・ソムは朱色のタイカレー。カレーといってもはっきり言ってスープ。癖のある味で、日本人のファンは少ない。

紐を握って

ラックムアンの中

ラックムアン

環境にやさしい人力車

都電を模したバス

ご利益ありそう

しがある。おそらくバラモン教からきた習慣だろう。
この日は式典をやっていた。多くの人が参拝に来ており、頭上に洗濯物干しのような紐を張り、そこから分かれて降りている紐を参加者が握っている。これも田舎などでよく見られる儀式だ。残念ながら式典中なので、肝心の「街の柱」はチラッとしか拝めなかった。

またサナームルワンに向かって歩き出すと、省エネPRと観光を兼ねたパレードが行なわれていた。三輪人力車「サームロー」なども参加していて、車夫のTシャツに国営石油会社の名前と天然ガスを表す「NGV」という標語があるところを見ると、天然ガス利用振興のキャンペーンらしい。

以前バンコクを走っていたという都電の形をしたバスもやってきた。この都電を模したバスは観光客のために作ったサービスで、毎週土日一〇時から二〇時まで王宮周辺のバンコク旧市街五キロを走っている。カオサーン通りなど一二ヵ所で乗り降りでき、二〇〇七年四月までは無料サービスだったが、現在は一人三〇バーツ。

もう一度乗りたい新型バスに

他日、8番と同じ黄色い新車両を使った542番にも乗ってみた。スタートはマーブンクローンである。

このマーブンクローンは現在、MBK Centerという呼び名で統一されている。八万九〇〇〇平方メートルの売り場面積を持ち、二五〇〇のテナントが入居しているという。[*17] ご存じの方も多いだろうが、マーブンクローンの呼び名は創設者のスリチャイ・ブンクン氏の両親の名前に由来する。今でもマ

＊17 ウィキペディア・タイ語版より。

マー父君とブンクローン母君

マーブンクローン・センター

次々にやってきた

中国語の表記

お年寄りにやさしい542番

MBKの4階

ーさん（スリチャイ氏の尊父）とブンクローンさん（母堂）の銅像が、一階の入ったところに鎮座している。

ところで、スタートといっても私のスタートであって、このバスは循環バスなので、どこがスタートということもないが、あえて言えば「アヌッサワリー・チャイ（戦勝記念塔）」でしばらく停車する。

ちょうどMBKからの歩道橋を渡って降りたところで黄色い新車のバスが出そうになっていたので、「待ってくれ～」と追いかけた。息をきらせながら車掌に「ピンクラウのパタ・デパート*18まで」と言うと、「パタ・デパートの前には停まりませんから、手前で降りてください」と言われる。

新車というものは気持ちがいいものである。乗車賃は一六バーツ。車体はポー・オー8と変わらないが、運転席横の中国語の電工表示がそのままである。現在の中国の簡体字で「乗客のみなさん、よくいらっしゃいました」、それから「文明規範乗車从称我做起」などと表示されるところを見ると、中国仕様のまま持ってきているのだろうか。このバスは前述の報道によると、中国上海申龍客車有限公司のバスだが、タイでの現地生産のはずである。チョンブリーに工場があってそこから納車されているはずだ。そのあとには「是士一試102路空調車」と表示されている。まさか、中国の上海かどこかで走っていたものをそのまま持ってきたのでは？

お年寄りと子供にやさしい

この542バスは中華街を通るので、おじいちゃん、おばあちゃんもけっこう乗ってくる。

*18　トンブリー地区にあるパタ・デパートでは日本のコーヒーを飲めるUCC Coffee shopがある。

乗り降りしやすい構造

お年寄りに親切な車掌さん

おばあちゃん「次で降ります」

ウォンウィアン・ヤイのロータリー

バイクが競争をしかけてくる

プラ・ポックラーウ橋を渡る

おばあちゃんが降りる時、車掌さんが手助けをしていたが、日本ではあまり見られない光景である。タイでは特に高齢者、妊婦、子供などの社会的弱者に対して人々がよく手助けをしている姿を見かける。子供に対して席を譲るのを見ると、過保護なのではないかと思ってしまう。また子供の方でも、お礼も言わず当たり前のように腰を下ろすことが多い。

しかし、確かにタイのバスは運転が荒いので、しっかりつかまっていても子供は立たせておくと危ない。このようにお年寄りや子供をタイの人々が手助けするのは、タイの社会のセーフティーネット[*19]になっているわけだ。これも時とともにインフラが整備されると見られなくなる光景かもしれない。

バスは8番の終点だったプラ・ポックラーウ橋を渡り、トンブリーに入った。左手にはチャオプラヤー川、右手には平行に架かっているプッタヨーファー橋が見えるが、さすがに八〇年代に建設されたプラ・ポックラーウから比べると小さい橋である。

橋を渡るとすぐ、タークシン王の像が真ん中にあるウォンウィアン・ヤイ（大ロータリー）を通る。タークシン王は一七六八～九二年（タイ暦二三一一年～二四二五年）トンブリー地区に都があったクルン・トンブリーを治めていた王である。現在でも信仰者が多く、毎年タークシン王の生誕記念日（四月）には多くのお供え物がこのタークシン王記念塔に供えられる。

そろそろ降りるところが近づいた。その後、この中国製の新車両は8番、542番以外にも、539路線、115路線、92路線、40路線などでも使われているのを見かけた。料金は青・クリーム色のツートーンカラーと同じ体系で、初乗り一二バーツ、以降四キロごとに二バーツ加算される。

（取材　二〇〇七年一一月一八日、一二月九日・一〇日）

＊19　タイでは政府が老後の面倒を見てくれるという考えはない。警官、軍人など公務員には恩給があり、退職してから死亡するまで支給される。

40 番でも見られる

115 番の新車両

タークシン像

第4章

フアランポーンからムスリム地区へ113番

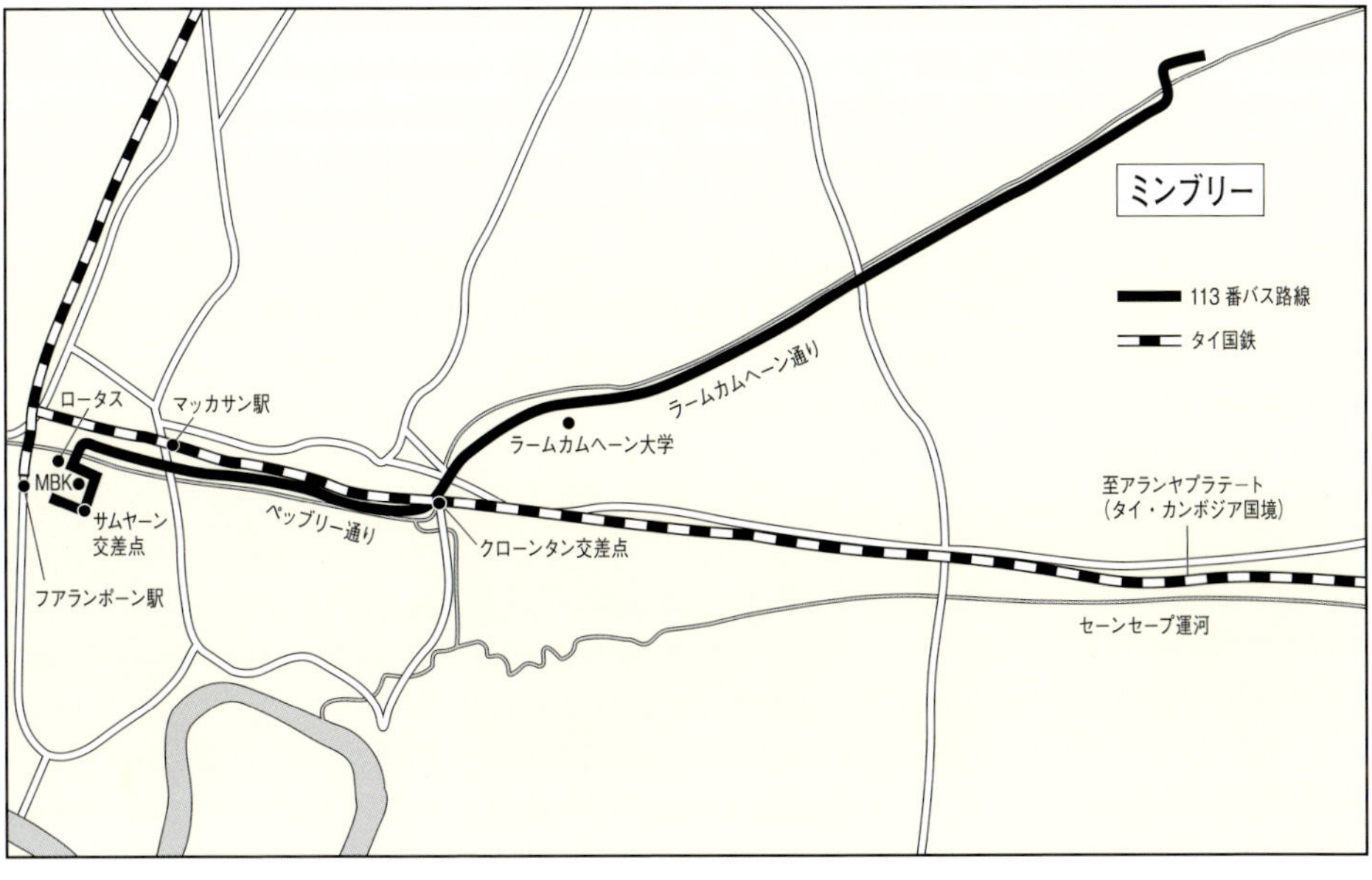

113番エアコンバス

113番ノンエアコンバス。ちょっとボロ

ムスリム帽の運転手

値上げ戦争

113番路線は古いバスが多く、以前から気になっていた。この路線はムスリムが多く住む地域を走るため、車内にアラビア文字のステッカーが貼ってあったりする。車両は古くおんぼろで、床に穴があいている車両に乗ったこともある。数年前エアコン車両が導入され、だいぶましになったが、エアコン車両が走り始めた当初はあまり利用者がいなかった記憶がある。

この113番路線もロット・ルワムボリカーン（民間委託路線）である。バンコクを走るバス路線の中でバンコクバス公社（BMTA）のバスはおおむね状態がいいが、民間委託路線はおんぼろバスのことが多い[*1]。政府が意図的にバスの乗車運賃を抑えているからである。適正な市場競争利原理が働かないから、サービスが改善されない。もっとも、おかげで（?）なんとか庶民が利用しやすいレベルの乗車賃を保ってきたのは事実である。

しかし、最近はそれも原油価格の高騰などで危なくなってきた。七〇年代には、バスの運賃値上げが政権打倒運動まで発展した。それを思うと、最近の頻繁な乗車運賃の値上げは信じられない気がする。私が最初にバンコクに来た時分はエアコンなし普通車利用の乗車賃は二バーツだった。その後、八八年ころから赤・クリーム色ツートーンカラーのBMTAバスが走り始めた。乗車賃は三バーツだったが、五〇サタン（〇・五バーツ）値上げした。このあたりまでの値上げ幅はまあ仕方ないかと思った。ところが現在は、エアコンなし車両は、公社バスと民間委託路線と異なるが、七バーツから八・五バーツである。これより少し安いのが緑の車体のミニバスである。これは現在七

＊1　以前は民間委託の方がバスの状態がいいと言われたこともあった。

人集まるところに仏像ペンダントあり

のんびりバスを待つ

フアランポーン駅のわき

中央駅「フアランポーン」どうしてこの名前になったのかは諸説あり、定かではないそうだ

バーツだが、二〇〇八年内には更に値上げが予定されているという。政府が補助金を出し値上げを抑えているのだが、政府と国民の力のバランスによってはいつ値上げされるとも限らない。

民間委託路線はバスの状態も悪く、運転が乱暴で都民にも評判がよろしくない。二〇〇六年には路線委託業者ウォーンサカーンキット社のバスに乗っていた学生が二人も事故で亡くなっている。

しかし、第一章でも述べたが、BMTAのホームページによると、[*2]バンコクを走る約一万七〇〇〇台バスのうち、公社のバスは四分の一の三五〇〇台程度にすぎない。ほかは民間委託路線、ミニバスなどその他の民間小型バスである。民間委託路線のバスが動かなくなったら、バンコクの庶民は学校や職場に通えなくなってしまう。

原油価格が上がると、民間委託を受けているバス会社は乗車賃を改定するよう政府に迫る。値上げを認めないと明日からバスの運行をストップすると脅かす。BMTAのバスだけでは通勤・通学者の足を確保するのはとうてい不可能なので、交渉の末、スト予告の前日、申請の半額程度の値上げを認められる。というパターンが繰り返されてきたのである。

フアランポーン風景

１１３番の路線はバンコク中央駅、フアランポーンから出る。フアランポーンはタイの鉄道の始発駅である。日本で言えば昔の上野駅だ。この辺には田舎から出てきたばかりの人たちが仕事探しの当てがなくたむろするため、職業安定所の支部なども置かれている。今日は駅の裏門から入ってみること

＊2 http://www.bmta.co.th/doc/result_bmta.pdf 参照。

フアランポーンのスーパーマーケット

切符を買う人たちの列はあまり長くない

フアランポーンのまわりではいろんな商売がある

仲むつまじいご夫婦

車両の外にずらり

クッションを取り外して

にした。

駅の待合室はいつも大変にぎわっているが、裏側はほとんど人がいない。今日は国王生誕記念日で祝日なのでよけい静かである。

プラットホームを歩くと、車内改装中の車両に出会った。座席のクッションを全部取り外して、車両の外に一列にずらっと並べて置かれていた。これから内装を新しくするのであろう。どうしてマッカサンにあるタイ国鉄の車両工場で作業しないのか不思議である。

前方にはご夫婦だろうか、仲むつまじく腕を組んだ二人が歩いている。「今日はファランポーンはお休みですか」と言いたいほど静かである。

水の給水車らしき車両が停めてあった。手作りの車両のようだ。

駅舎の外に出て、脇にある113番の始発点に行ってみる。ちょっとわかりにくいところにある。いかにも外国人は関係ないでしょうという感じで、英語の案内もない（見落としたかもしれないが）。ここは他にエアコンの7番のバス、34番、29番などの発着場でもある。ついたバスはすぐ折り返し発車する。

車社会バンコク

写真を撮るため一台やり過ごしたが、次に来た113番に乗り込むことにする。113番のバスにしては、車両の状態がいいほうで、涼しい時期であったが、エアコンは効いていた。

ファランポーンから乗った乗客は私を含め一二人であった。「終点まで」と言うと、二〇バーツの乗車券を渡してくれた。

バスはファランポーン周辺をぐるりと複雑に回ってラーマ四世通りに入り、サムヤーンの交差点を左に曲がる。チュラーロンコーン大学のキャンパスを両脇に見て、次にマーブンクローンセンター（MBK）の前に停まる。

押し合わないで乗ってください

113番エアコンバスが来た

手作り？給水車

MBKの前でバスを待つ人の波

チュラーロンコーン大学

始発から乗ってきた乗客は少ない

MBKに買い物に来た若者が何人か乗ってきた。ここはなぜか知らないが、せっかく作ったきれいなバス停を使用させずに、少し手前に新たにバス停を設置した。道路の混雑に配慮してのことだろうが、バス利用者の便宜を第一に考えないと、いつまでも公共交通機関を使う人が増えない。

タイの社会、特にバンコクは自動車を持っていないと何もできないと言われている。しかし私は九五年から九九年まで断続的に自家用車を使っていたが、特に便利だとも思わなかった。むしろ駐車場のことなどを考えると動きが制約され、路線バスのほうが便利なことが多かったが、都民は自家用車を所有するほうが便利だと信じて疑わない。

私のタイ人の友人も車に執着している者の一人である。タイがバブル経済の時期だった九四~九七年にはボルボを二台持っていたが、ついに自分の名義にならなかった。つまり、月賦で買っていたので車の名義はローン会社のままだったが、結局バブル経済の崩壊とともに手放さざるを得なくなってしまったのだ。

彼はその後長いこと車を持っていなかったが、このほどオーストラリアの古い車を一五万バーツで買い、ようやく初めて自分名義の車を持つことができた。修理だけで既に一〇万バーツ使っているようだが、彼がオーナーをしている会社は業界紙編集という仕事をしているにもかかわらず、まだEメールが使えるパソコンすらない。スキャナーもプリンターもない。コピー機はかろうじてあるが、いつも調子が悪い。会社の設備も揃えずに、これだけ車に執着する理由がわからない。

世界中の人がこんなに車を買いたがるのだろうか。日本人の車好きも有名だが、タイの方たちの車への執着もすさまじい。ここマーブンクローンの駐車場もいつも車でいっぱいで、開店直後に駐車場に入っても車を停めるところに苦労する。

マーブンクローンセンターは巨大な売り場面積を持つショッピングセンターだ。現在もタイのティーンエージャーに人気があるテナントが多い。日本

愛車を拭く友人

女2人連れも

MBKからは若者が乗ってきた

橋の下はまたも渋滞

東急百貨店

MBK センター

なら渋谷の109のような存在か。もっとも、現在の109はどうなっているのか知らないが。

このMBKの面白いところは五階だけなぜか家具売り場だということである。一階〜四階までは食べ物のチェーン店だったり、化粧品、安物衣料雑貨、携帯電話とその部品などの店が多いのだが、五階だけ打って変わって静かな大人の雰囲気なのである。客もほとんどいないが、家具はそんなに高いものではなく、庶民のMBKの期待に応えている。

MBKの一番北側の一角が日系デパート東急百貨店である。赤いTOKYUの名が眼に飛び込むのですぐにわかるが、日本人を顧客としては意識していない商品揃えなので、日本人が行っても特別興味を引くものはない。

ラームカムヘーン大学をぶらぶら

バスはMBKの脇を左折して、左手に国立競技場を見る。その後ロータスというショッピングセンターを右折し（第1章参照）、セーンセープ運河の上に架かる橋を渡る。この通りはバンタットーン通りと言う。有名な服の仕立て屋さんがある。

その先のペッブリーとの交差点を右に曲がり、まっすぐペッブリー通りを進んで、クローンタン交差点を左に曲がると、ラームカムヘーン通りである。

左手には市内から空港まで乗客を運ぶための「エアポートリンク」高架鉄道の工事が行なわれていた。開通は二〇〇九年になると言われているが、本来なら二〇〇七年中には完成していたはずである。

私の横に座っている青年の様子がちょっとおかしい。車掌さんがどこに行くのかと尋ねているが、青年は自分の目的地をはっきり把握していない様子

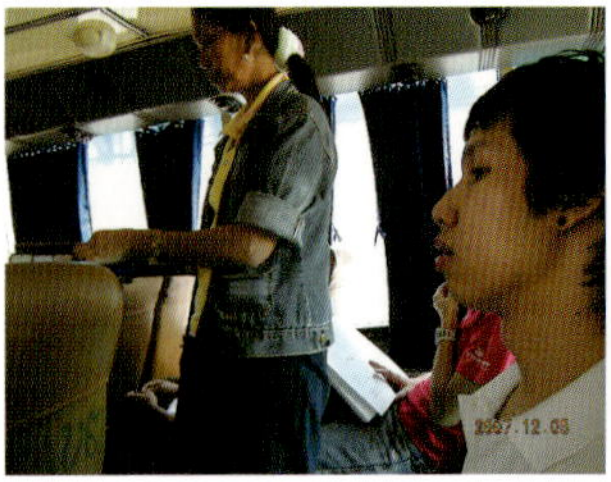

反応のない若者

エアーポートリンクの工事

クローンタン交差点からラームカムヘーン通りに

日本人向けコーナー

整理が行き届いている

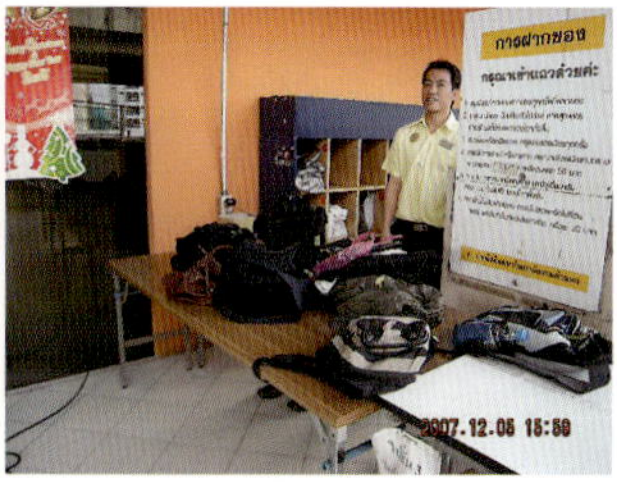
ラーム大書籍売り場。荷物を預ける

でぼんやりしている。車掌さんは何度か顔を近づけて言葉をかけ、ようやく切符を渡した。

この青年は、横に座る私が落ち着きなくカメラを取り出し、外の景色を撮っている様子にもまったく無関心であった。日本もそうだが、タイにもこのような無気力無関心な若者が増えている。

バスはラームカムヘーン地区を通る。ここにはタイ最大の学生数を誇るラームカムヘーン大学がある。学生数は二〇万〜三〇万人とも言われている。入学資格があれば無試験で誰でも入学できるが、卒業できるのは数千人である。大学では常時講義が行なわれているが、出席の義務はない。試験を受け、合格さえすれば進級ができる。

私の知り合いの日本人はもう八年間ラームカムヘーン大学に在籍して勉強しているが、卒業単位数一四四のうち一〇〇単位までは取得できたものの、残りの四四単位の取得がどうしても難しいという。専門科目が残っているかと思ったが、残っているのは一般教養、特にタイ語らしい。試験はバーリー・サンスクリット語を含む高等なタイ語（この場合は国語）の試験で、がんばってはいるが、このままでは在籍規定年数中に卒業単位を取得できない可能性が強く、どうしたものかと思案している。

広大な構内には本屋もあった。タイの本屋はだいたいこうなっているが、入り口で手持ちの荷物を預け、番号札をもらって中に入る。

大変整理整頓の行き届いた店内である。文具売り場にはラームカムヘーン大学の校章が入ったグッズも売っていた。語学の書籍売り場には『タイ語のもと』なる怪しい本も売っていて、二九〇バーツという高額な価格設定がされていた。まったく日本人向け商品は足元を見られている。

ラームカムヘーン通りの店は学生相手の商品でいっぱいだ。タイの若い人に人気がある飲み物「カイムック」が一〇バーツで売ってある。「カイムック」はタピオカ芋の丸い粒を下に沈めたフラッペである。特別製の太いストローで吸う。二〇〇二年ころ初めて見かけて、すぐ廃ると思ったが息の長いヒッ

カイムック。誰が考え出したのだろう？

100バーツ以下の商品が多い

ラームカムヘーン通り。雑貨が多い

にぎやかで楽しい

90バーツの時計

アクセサリーも豊富？

ト商品である。[*3]

他にはラームカムヘーン大学のテキストを扱う店や、試験の過去問題を売っている店がある。女子学生用に同じ店で化粧品なども売られている。

目を引いたのが、九〇バーツ均一の時計。デザインは悪くない。私も時計が好きなのでずいぶん物色したが、日付が入っているものがなく、いつものように買うのをやめた。

ラームカムヘーン通りをさらに進んで、バスは立体高架橋の上に出た。今日は乗客が少ないからであろうか。あるいはいつもこの高架橋を上がるのか。いつも地上をはいつくばるように走る路線バスに乗り「下から見上げるバンコク」しか知らないので、こういう「上から見下ろすバンコク」は全然景色が違う。

だんだん終点ミンブリー郡が近くなってきた。この辺はバンコクといってもすっかり郊外。空き地が多く目立つ。ラームカムヘーン通りも既にソーイ157である。隣の反応のない若者もこの辺で降りた。

この辺はムスリムが多く住むところである。乗客も一目でそうだとわかる人が目につくようになる。今日は休日だがランドセルを背負った子供も乗ってくる。

バンコクのムスリムは人口比約六・一%。[*4] 一八三二年（タイ暦二三七五年）、ラーマ三世が南部七州の反乱を鎮圧し、捕虜をバンコクに連れてきたことからムスリムの定住が始まった。タイ南部のムスリムはマレー語に近いムラユ語やラウィー語を話し、これらの語学で教育も行なわれるが、バンコクのム

*3 シーロムロードに二〇〇五年にできたメイプルシロップの入った「ローティーボーイ」というパン屋が大ヒットしたが、二〇〇七年には既に閉店してしまった。最盛期には一〇〇メートルもの列を作って買う人が現れた。今ではあれは「やらせだった」（お金で人を雇った）と言う人がいるが、真相は闇の中である。

*4 西井京子「イスラームの少数派——タイのムスリム」（日本イスラム協会公開講演会の資料、二〇〇六年四月二二日、東京大学文学部）による。

バスはさらに進む

ラーム大前でバスを待つ人

ラーム大前の赤本屋

動力はモーター

渡し舟料金所

本当にあった渡し舟乗り場

スリムはほとんど話さない。[*5] 現在のタイ最南端の三県[*6]のムスリムたちとバンコクのムスリムでは意識も相当違っていると言われている。

ムスリムのムサ

私は一月のある日、日本の友人Nさんに紹介してもらって、バンコクのイスラムコミュニティーに住むムスリムのムサを尋ねた。彼はアメリカン・インターナショナルスクールの学童送迎バスの運転手だ。

ムサの家に行くには、セーンセープ運河を舟で行かなければならないという。約二〇〇年前タイ南部のムスリムが捕虜となって連れてこられたのは、このセーンセープ運河を掘るためだと聞いている。

だが、私の知る限り、セーンセープ運河は大部分川幅五メートル程度の狭い運河である。「セーンセープに渡し舟など存在するのか」と首をかしげながら狭い通りを入っていくと、本当に渡し舟があった。舟というより「移動する橋」である。舟の上部にワイヤーが張ってあり、モーターで引っ張るという仕組みである。

しばらく電話ボックス前で待っているとムサがやってきた。イスラム帽をかぶった敬虔なムスリム風である。迷路のような狭い道をついていくと、彼の家についた。カメラの感度を最高に上げても写るかどうかという程度の街灯の明るさである。

＊5　ムサの話だと、ノーンチョークのコミュニィーがムラユ語を話すそうである。

＊6　独立問題などでゆれるタイ最南端三県というのは、ヤラー県（イスラム教徒の比率六八・九％）、ナラティワート県（同比率八二％）、パッタニー県（同比率八〇・七％）。以前はこれにサトゥーン県（同比率六七・八％）も含めて深南部四県と言われていた（数値は大阪成蹊短期大学鈴木康郎氏資料による）。

やってきた

舟が

むこうから

イスラムの本

奥さんと。清潔で質素な室内

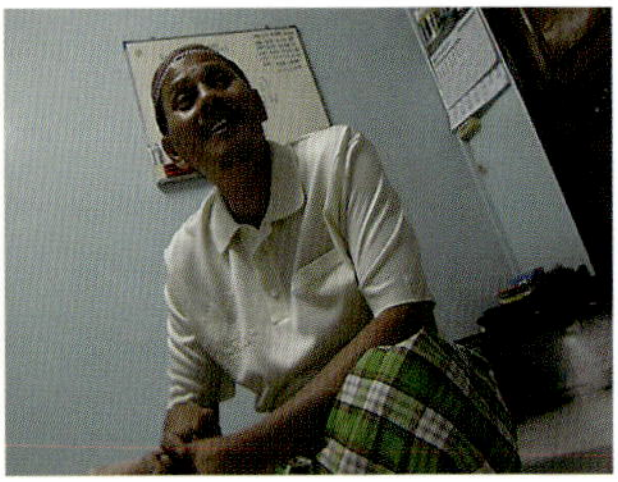

ムサ

ムサは奥さんと二人の息子との四人家族である。上の息子は既にラームカムヘーン大学を出て、現在警察病院のＩＴの職員として働いている。下の息子はやんちゃでまだ一〇歳にならない。

　ムサはもともとホテルの前に停まっている白タクの運ちゃんをしていたそうだ。その時私の友人であるバイヤーのＮ氏に出会った。Ｎ氏は律儀な人で、現在でも地方に買い付けなどに行く際、ムサ以外の運転手は使わない。もしムサが空いていなかったら行かないといった信用ぶりである。彼によれば、タイで仕事をする際、運転手さんのよしあしは仕事を左右しかねないほど大切だという。

「どうして運転手の仕事をしているのですか」と聞くと「これといった技術も知識もないからね。自分の車だし、誠実にやっていれば誰に気兼ねもない。車も自分のものだし、三年で車の月賦も払い終えたよ」と言う。

　三年でバンの月賦を払い終えるというのは、相当熱心に働いたのだろう。

　ムサは朝五時半に自宅を出て、ラープラオ通りに住んでいるアメリカンスクールの子供五人をピックアップして学校まで連れていくのが日課である。一二時～一四時はお休み。その後同じコースで同じ子供を送る。英語をけっこう話せたことがこの仕事に結びついた。ホテルの白タクをしている時身に付けた技だろう。

「南部のイスラム教徒が独立運動をしていて、毎日死傷者が出ているけど、どう思う？」と私。

「あの人たちは考えを誤っているよ。タイは何ら宗教の規制がないし、何を信仰しても自由なのに。こういう過激な考えを持っているのは南タイに住むムスリムのごく一部で、一般のムスリムはそう思っていないと思うよ」

「そうか。でもムサはムスリムとしてバンコクの住人の中ではマイノリティーだけど、引け目を感じる？」

「そんなことないよ。息子もちゃんと大学まで教育を受けさせたし、イスラ

ムサが住んでいるコミュニティーの市場

途中、靴を売っていた。多分中古

ムサのお宅。立派だった

「もうすぐ終点」

ムサはずっと見送っていてくれた

コミュニティーのマサイット

ムの学校[*7]もちゃんと終了した」

どうやら私たちが考えていたほど、バンコクのムスリムたちは「マイノリティーの悲哀」というのは感じていないようである。話を聞いているうちに息子さんが帰ってきた。なかなか良い感じの青年である。

「息子さんが仏教徒の女性と恋愛したら、お父さんお母さんとしては許す?」ちょっと意地悪な質問をした。

「別に止めはしないが、どちらかが改宗しなければならないだろうなぁ。ムスリムが仏教徒に改宗したという話はあまり聞かないが、その逆は結構あるよ」

ずいぶん長居をしてしまった。そろそろ失礼しなければ。ムサはまた元の狭い道を渡し舟の桟橋がある広場まで送ってくれた。広場にはマサイット[*8]があり、露天商はそろそろ店じまいをしていた。

二バーツ払って渡し舟に乗る。ムサは船が出るまでずっと見送っていてくれた。

運転手の一日

フアランポーン中央駅から乗って、約一時間半、バスは順調に終点に到着した。

*7　ムサの息子はサナウィーという中等教育課程を修了している。このほか南部のムスリムはポーノと言われる高度なイスラム教の知識を学ぶ全寮制の学校で勉強することが重視されている。

*8　日本では一般的には「マスジット」と言われているイスラームの礼拝堂である。ここではタイ人一般の発音に近い「マサイット」を用いる。

ソンテウを追い越す

バスの車窓風景

お客もだんだん降りていく

終点の113ノンエアコン。客もなくひっそり

おつかれさま

終点だよ

運転手さんにいろいろ聞いてみる。ナーイラート[9]の時代からだというから、一九七〇年代からバスを運転しているらしい。

この113番路線はBMTAではなく、民間の「バンコク大都運輸株式会社」によって運行されており、ノンエアコンのバスが四九台、エアコンバスが二九台、合計七八台走っているという。これはけっこうな台数だ。だいたい一路線四〇台程度のバスで運行されているのが普通だ。

実働一ヵ月二〇日。乗客が払った乗車賃からコミッション制で給与を受け取るだけで、基本給はないらしい。運転手は乗車賃の九％で、車掌は五％。いつ出勤して何往復し、いつ上がるかは運転手自身に任されているらしい。終点にどのくらい停車して、何時に発車するのかも運転手に任されている。この運転手さんの場合は朝四時の始発から四往復運転していて、今日はもうこれで上がりだという。遅く出てきたものは夜遅くまでの便を担当することになり、最終は二四時〇〇分発だそうだ。

運転手さんというのは日本でもそうだが、自由な勤務形態を好む人が多いので、会社はその辺を考慮しているのだろう、稼ぎが欲しい乗務員は朝夕のラッシュの時期をあえて狙うだろうし、きついのを好まずのんびりやりたい人は遅い時間に出勤し、マイペースでやるのだろう。どうやら四往復が基準になっているらしい。休んだりすれば収入がなくなるだけである。

この路線は一九八九年（タイ暦二五三二年）から運行されているらしく、当初は一五台から始まった。バンコク大都運輸株式会社はこの113路線のほかにも115、116路線、バンコク・トンブリー側を結ぶ28、56を運行する。バンコクのバス運行受託会社の中ではバスも路線数も多い方である。乗務員には宿舎が提供され、家賃は月五〇〇バーツ。冷蔵庫がある部屋は月六〇〇バーツで、特に光熱水道費は要求されないそうだ。

*9　BMTA（バンコクバス公社）が発足するのは一九七五年。それ以前は民間会社が政府の許可を受けて独自に走っていた。その最大手がナーイラート氏所有のバス会社だった。一四ページ参照。

建築中のマンション。郊外は建築ブーム

終点近くのミンブリー・テクニカル・カレッジ

運転手さんは30年以上のベテラン

クラボーの中から代金を払う車掌さん

バンコク大都運輸株式会社の乗務員さんたち

まずはスプライト

乗務員の仕事

近くに一つだけ食事ができる露天の店があったので、スプライトを頼む。他に食事しているのはすべてこの路線の乗務員だった。公社バスたとえば60番などもここミンブリーが最終地点のはずだが、乗務員姿は見えない。

乗務員には車掌と検札係がある。車掌は乗車賃を徴収する役目である。毎日勤務終了後、乗車券を販売した分の現金を管理者に渡す。売り上げは乗車券の通し番号でわかることになっているので、その金額を納めて書類にサインをもらえばいい。だから、この中から自分でお菓子を買ったり、自分のご飯を食べるお金を出してもかまわない。実際食べ終わった車掌さんがクラボーの中から代金を払っていた。クラボーは自分で購入するから私物である。

検札係は運行中に乗ってきて正確に乗車券が渡されているかチェックする。つまり乗車賃を乗客から受け取ったにもかかわらず乗車券を渡していない乗務員がいないかというチェックであり、同時に乗客がちゃんと乗車賃を払っているかのチェックでもある。

一緒にご飯を食べていた制帽をかぶった乗務員は検札係で、その辺の事情を熱心に説明してくれた。彼女は以前は車掌だったが「私はやり手だったので検札になったのよ」と言っていた。

イスラム寺院へ

再びバスに乗って街中まで行ってみることにする。途中にはタイの昔式の

この辺を走るローカル路線

日差しよけをつけた昔式のコーヒー屋台

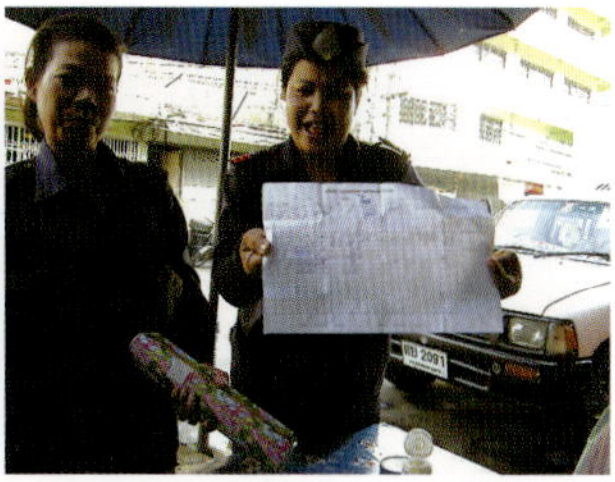
「これが乗務勤務表よ」とやり手の検札係

再び 113 番のバスに

カーオパットを食べる

ひと仕事終わった車掌さん

コーヒーを売っている屋台があったので寄ってみた。なぜか屋台の前面が看板で覆われていて、横からしかコーヒーを布で入れている姿は見られない。日差しをよけるためだろう。

食堂に入るとライバル（?）のBMTAの職員が食事をしていた。一応屋根も壁もあり、１１３の乗務員が食事をしていた店より数段いい店である。カオカームー[*10]（豚足）など出来合いのものが売りのようだ。私はカーオパットを注文したが、こういう注文料理を頼んでいる人はだれもいなかった。

外へ出ると、向こうから勤務を終えた車掌さんがクラボーを提げて歩いてくるところだった。町まではまた１１３に便乗することにした。

１１３番のバスがずらっと並んでいるが、ほとんどエアコンなしの車両である。バスに乗務員が乗り込まないと、どのバスが先に発車するかわからない。乗務員が乗り込むと乗客がステップを上がって乗ってきた。

往路で見かけたマサイットに寄って見ることにした。クローンタンの交差点の手前だったはずである。ラームカムヘーンからは遠くない距離だ。交差点で一番近い停留所で降りて、歩いていくことにした。

屋根のドームと窓枠の形が独特だが、あとはタイのどこにでもある建物と変わらない。遠くから見た時はドームのせいか目立つが、近くで見るとなんということはない建物であるという印象だ。お祈りの時間が始まるようで、ムスリムの人たちが寺院を訪ねてきていた。

タイのムスリムは人口全体の約四・六%[*11]と言われる。タイでは少数派だが、南部のナラティワート県、ヤラー県、サトゥーン県などでは人口の七〇%以上がムスリムと言われている。バンコクでは特にミンブリー地区にムスリムが多い。

このマサイットのすぐ横にセーンセープ運河が流れている。写真を撮った

＊10　ドイツ料理の「アイスバイン（eisbein）」もタイ語でカームーという。
＊11　二〇〇〇年（タイ暦二五四三年）の国家統計事務所の調査。

ミンブリーの中央バス停。事実上の始発

ミンブリーの街なか。人気の屋台街

乗務員が乗り込むと、客も乗ってくる

自宅近くのマサイット

りしているうちにすっかり暗くなってしまった。桟橋で舟を待ちながら見る川向こうのイスラム寺院もまたいいものだった。

夜はやはり自宅近くのイスラム居住区で夕食を食べた。ここにも地元のムスリムが参拝に来るマサイットがある。特にイスラム教で休息日に指定されている金曜日は朝からけっこうな数のムスリムの人たちが家族を連れて礼拝に来る。近くにはお茶を飲ませる店やムスリム料理を売る店が多い。

夕飯はムスリムが作ってくれる屋台でいただくことにしよう。誰も客が入っていないが、白い布をかぶったムスリムの女性が一生懸命またまたカーオパットを作ってくれた。

（取材　二〇〇七年一二月五日）

カーオパットを作ってくれたイスラム屋台

511
511
3-9006
2007 12 05 19:54

第5章

スクムビットを通って郊外へ511番

カオサーン通り
民主記念塔
サナームルワン
ラチャパット大学
プラトゥーナム
サーイタイ・マイ
パンティップ・プラザ
バンラック市場
ゲーソン・プラザ
フジスーパー
スクムビット通り
プラカノーン交差点
オーンヌット通り
ラーマ4世通り
アソーク交差点
エッカマーイ
エンポリウム
バンナー交差点
スワンナプーム空港
インペリアルワールド
トヨタ本社
チャオプラヤー川
パークナーム
511 番バス路線
サムットプラカーン県

セントラル・ワールド前の 511

空港シャトルバスになりそびれた車体

連結バス発見！

連結バスに乗りたい！

５１１番路線は、タイ南部行きバスステーション「サーイタイ・マイ」とバンコク郊外サムットプラカーン県パークナームを結んでいる。バンコク在住日本人の多くが住んでいるスクムビット通り、カオサーン通りや王宮を中心に伸びているラーチャダムヌーン通りも通るため、日本人にもなじみの路線である。ラーチャダムヌーン通りは王宮、国防局、官庁街、宝くじ局など主要官庁が並ぶバンコクでももっとも重要な通りだ。

私が特にこの５１１番路線に興味があるのは、二両連結バスを採用しているからである。トラックの牽引車がそのままバスになったと考えていただければわかると思う。

私が記憶している限り、連結バスは一九九六年ころからバンコク都内に姿を現している。当初は38番（王室自動車協会／ラチャダー通り－ラームカムヘン大学第二キャンパス）を走っていた。その後、当時のエアコンバス11番（ポー・オー11と呼ばれていた。現在の５１１）、エアコン14番（現在の５１５）などに採用されるようになった。当初は車掌が二人乗車して、乗車運賃を徴収していた。

その後なぜか38番路線には使われなくなり、現在私の知る限りでは、エアコン１４５番路線（モーチット・バスステーション－パークナーム）と、５１１路線だけで使用されているようである。

始発となると、バスの正式路線図では折り返し地点のサーイタイ・マイからだが、個人的事情からペップリー通りソーイ５のラチャパット大学の前から乗ることにする。土曜日のしかも九時前という中途半端な時間にもかかわらず、多くの人がバスを待っている。土曜日というと日本では電車などは空いている印象があるが、バンコクは、勉強に行く人（社会人対象の大学・大学

511 に乗り込む

ラチャパット大学前のバス停

ペッブリー通り

看板に7のないセブンイレブン

いつも賑やかなペッブリー通りソーイ5

511連結バスの車内

院などに通学する人や語学の勉強など）、土曜日仕事がある人、商売の人、遊びに行く人などがいっせいに出てくるので、道が混んでいる。

バス停のすぐ後ろにあるラチャパット大学ワライアロンコーン・キャンパスも土日社会人を受け入れるコースがある。

敷地内にセブンイレブンがあるが、本来「7」と書かれているはずの看板の赤と緑のラインの中央に7はなく、「この店は王室御加護の下に運営しています」と書かれている。王室の敷地で商売させてもらっているということか、相当遠慮しているように思える。

小分け売り

バス停のすぐ近くにあるペッブリー通りソーイ5というのは、若い人たちでいつも活気があるソーイである。朝から物売りが路肩であらゆる物を売っている。朝はパン、おかゆの店、夕方は化粧品、バッグなどもこれに加わる。今日は土曜日のせいか金魚まで売っているおじさんがいた。

金魚は一匹ずつビニール袋に入って売っている。タイの人はアパート暮らしでも、けっこう生き物を飼うのが好きだ。私の友人も特に生き物好きとは思えないが、せっせと金魚鉢の水を替えている。それでも死んでしまうので、そのたびに一匹ずつ買っている。

このような小分け売りはタイのようなまだ所得の低い国々のマーケッティング戦略としては重要だ。バス停の横などでタバコも一本売りをしている。このような売り方は東南アジアでは広く見られるやり方で、他にも一〇〇CCの豆乳パック（五バーツ）や、六粒だけのビタミン剤（五五バーツ）などが売れ筋商品である。

もちろん現国王陛下のご長寿とご健康を願う黄色、ピンクのポロシャツも

タイでは黄色、ピンクのシャツは必須アイテム

小分け商法

小袋入りで売っている金魚屋さん

降車ボタンを押すと赤いランプが点く

511の内部。座席は多い

ソーイ5のさらに路地裏

売っている。価格は七九～一六〇バーツ程度である。このソーイでそんなに高いものは売れない。もっぱら若い人が買っていくからだろう。

連結車両が来た

どうしても連結車両に乗りたいので、オレンジ色の５１１番バスが来たが一台やり過ごした。一五分待ってようやく目的の５１１連結車両が来た。中は空いていてラッキーだった。時間はちょうど九時になっていた。

次の停留所で降りたい人は日本のバスのブザーのような、というより玄関にある呼び鈴のボタンのようなものを押すと、近くのドアーの上のランプが点くのがしゃれている。こういう、どうでもいいところに凝るのがタイ人のいいところである。

オフィスでも書類のコピーを頼むと、中はページが欠けていたり上下逆だったりするのだが、表紙は実にきれいに作ってくる。表面にセルロイドを張ったり、背表紙テープを付けたり。しかも色とりどりだったりするが、仕事の中身にはあまり大きく影響しないのである。

このあたりはプラトゥナーム方面に行く車で特に混む。二つ目のバス停はパンティップ・プラザ。これを過ぎるとバスは中央車線に寄って右折し、ビッグＣショッピングセンター、ラーチャダムリ店の前に停車する。

ほとんどの乗客はここで降りてしまって、以後スクムビットに入るころには半分くらいが空席になった。この時間であれば、まったくこの連結バスを使用する意味がない。座席はざっと数えてだいたい六〇座席。

この日は一一月で、そう涼しいとは思わなかったが、既にセーターやカーディガンを着ている人がいる。

ビッグCラーチャダムリ店

パンティップ・プラザの前

連結部分

アソークの交差点

ゲーソン・プラザ

車内が混んでいたのはこのあたりまで

日本人の好きなスクムビット

バスはゲーソン・プラザの前を左折し、バンコクで「最も高級な通り」スクムビット通りに入る。

このスクムビットはいまさら説明することもないだろうが、外国人が利用するホテル、高級マンション（タイでは、Condominium——コンドミニアム、さらに略してコンドーと言われることが多い）、高級スーパーマーケットなどが多いのだが、日系企業で支社をこの通りにおいている会社は意外に少ない。

外国人用住宅用マンションはたくさんあっても、オフィスビルは少ない。タイの庶民が住めるような賃貸住宅、アパートもほとんどない。住んで便利かというと、そうでもない。簡単に食べられるところが意外と少なく、特に屋台風の庶民的なところはほとんどない。買い物も雑貨店などなく、スーパーかデパートで買わなければならない。こういうところでは、たとえばコーラをビニール袋に入れて売ってくれたりはしない。タイの庶民にとっては、実は生活には不便なところである。

一〇年以上前の話になるが、私もスクムビットソーイ22にタイ人の友人と暮らしていたことがあるが、半年で二人とも逃げ出してしまった。これは、アパートのオカマ嬢が友人にちょっかいを出し始めたのが大きな原因で、スクムビット通りが悪いというわけではないのだが、やはり食事する場所に困ったのは事実だった。

その当時、スクムビットのソーイ22というのは、「クイーンズ・パーク」など大きなホテルがあり、ラーマ四世通りという主要街道に抜ける道であって、道が細いわりに大型車の通行が多く、あまり雰囲気がよくなかった。一言で言うと、「くつろげない雰囲気」である。

立派なホテルがある割にはわびしい

インペリアル・クイーンズ・パーク・ホテル

昔から殺風景なソーイ22

日本人がいっぱい

日本人御用達

これがソーイ 33/1 の入り口

それでも日本人の多くがここスクムビット通りにこだわる理由とは何なのか。家庭を持っている人は、日本人学校のバスがスクムビット通り周辺しか迎えに来てくれないので、ここを離れられないという理由をあげる人が多い。もう一つはBTS（高架鉄道）路線周辺が便利だと思い込んでいることである。

アソーク通りとの交差点を通り過ぎて、四つめのバス停で日本人ご用達のスクムビットロード、ソーイ33／1の近くに着く。

なぜここが日本人ご用達かというと、日本系のスーパー「フジスーパー」を中心に日本料理店、リサイクルブック店、日本料理店、日本のテレビ番組の貸しビデオ（貸しCD）店が集中しているからだ。フジスーパーの正式名称はUFM Fuji Super Market。日本の神奈川を中心に展開する富士シティオ株式会社の経営によるチェーン展開のスーパーマーケットのバンコク店である。

バンコク店設立は一九八五年。当時開店に関わった方に話を伺ったことがあるが、タイのベーカリースクールなどを展開しているUFM社が生鮮に強いスーパー合弁相手を探しており、フジスーパーがこれに応じたという。

当初は野菜、魚などどこで仕入れていいかわからず、バンラック市場に買い付けに行くなど、手探りの状態で営業を始めたが、開始から二年目まではまったく日本人の客が来なかったそうだ。フジスーパーが現在バンコクの日本人の食生活に欠かせない存在となっているのを考えると、信じられない話である。

フジスーパーからスクムビット通りに出て、少し東に歩くと向かい側にあるのが高級デパートの「エンポリウム」である。建設中から特に外国人の間に期待の声が強かったが、バブルを象徴するようなこの高級デパートが完成すると同時にタイは経済危機に入った。しかし、予想に（期待に？）反してエンポリウムの経営はずっと順調なようである。タイの経済危機も金持ちには影響がなかったのだろう。

スクムビットのベンジャシリ公園

高級デパート「エンポリウム」

フジスーパー

だんだん郊外の雰囲気に。プラカノーンの交差点

ラーマ４世通りとの交差点

ベンジャシリ公園前のバス乗り場

乗客がだんだん減っていく

スクムビット、ソーイ63（エッカマーイ通り）に来ると、大型バスが出入りしている一角がある。ここがタイ東部行きのバスステーション「エッカマーイ」である。

このエッカマーイ・バスステーションはもう一〇年以上移転の話があるものの、いまだにそのままである。タイ東部臨海地帯で天然ガスが掘削され始めてから工業団地などが建設され、多くの物流があるはずだが、人の流れはさほど増えていないようである。

スクムビット通りをバスに乗っているとずっと頭上に見えるBTSの高架路線も、プラカノーンの橋を越え、オーンヌットまで来ると終わる。その先はまだ工事中だ。ここまで来るとほとんどの人は降りてしまって車内はがらがらである。

この先、バンナー交差点まで、このBTSの工事中のせいか、ホコリっぽい。

バンナー交差点を過ぎるとすぐ気象局があって、それを過ぎるともうあまり信号に停められることもなく、まあそれなりにバスは左右に揺れながら進んでいく。

途中には七九バーツの「ムーカタ」の店が見える。「ムーカタ」というのは、ここ数年タイではけっこう庶民に人気の韓国風（少なくともタイの庶民はそう思っている）の焼肉店である。

真ん中が突起した鉄なべ（実際には鉄でもアルミでもなくアルマイト？の鍋）で肉、野菜を焼き、その周囲に水を張って野菜をゆでる、何とも風変わりな焼肉鍋だが、食べ放題で七九～八九バーツとあって、小市民に人気の企画で

「ムーカタ」の看板。79バーツは安い

ほこりっぽくなったスクムビット

工事中のBTS

インペリアルワールド

住宅の広告。200万バーツからだなんて…

もう車内はがらがら

ある。バンコク市街地ではほぼ八九バーツで、七九バーツの店は珍しい。しかし、注意しないと格安の店は豚肉など脂身が多いし、タイではどこでもおいしい鶏肉もなんだか新鮮そうではなかったり、野菜もしおれているなど、あまりに具が貧相なことがある。

住宅の売り出しやマンションの区画販売の看板広告も目立つ。最低二〇〇万バーツからだという。たぶん三〇～五〇平方メートルの部屋である。

日本円で考えれば安いのかもしれないが、一家庭の年平均の収入が一五万バーツのこの国で[*1]（調査対象はおそらく、何らかの収入の申告ができる人などで、農家などはごく一部だろう）、二〇〇万バーツというのは、いったいいつになったら完済できるのか。都市生活者でかなりの月給を手にしている人以外、手が届かないだろう。

このあと、原油価格高騰のあおりを受けて、建築資材は倍になった。既にこの物件も二〇〇万バーツでは手に入らないであろう。

バスの右手に「インペリアルワールド」というこのあたり唯一の大ショッピングセンター、「トヨタモータータイランド」の本社などが見えてきたら、もうここはバンコクではなく、サムットプラカーン県である。バスはサムットプラカーンの中心地パークナームを目指す。

時計台が見えた。サムットプラカーンの中心街に入ったということだ。

街のバス停で乗客は全員降りた。残っているのは私一人だ。車掌がどこまで乗るのかと聞いたので、終点までだよと答える。

車掌と運転手は運賃の精算を始めた。どうやら一日の売り上げは三〇〇〇バーツ程度らしい。

＊1　内務省、民衆開発局（CDD　http://cddweb.cdd.go.th/）のランパーン県支部の調査を見ると、一人当たりの年収入はほぼ三万バーツ台である。東北のヤソートーン県では二万バーツ台。中部のチャイナート県では五万バーツ台が多い。国家統計局のこの一家族の年平均収入一五万バーツという調査方法が疑問である。

時計台が見えればサムットプラカーン

タイ・トヨタ本社もある

お寺が見えたらそろそろ

車庫の入り口には露天の店

終点の車庫に入るユーロ２型 511

精算を始める車掌さん

飲んだら乗らない

このあと数キロ走って右折し、すぐ車庫に入った。車掌さんは運賃の精算に。運転手さんはしばしの休憩である。入り口のすぐ横には、職員相手のジャケットやサングラス、身分証を下げる紐などを売っている露天の店がある。

よく車中で車掌さんがこのジャケットを着ているのを見て私も欲しいと思っていたが、社員への支給ではなく、売っているのであった。紺の地にBMTAのロゴが入っているものはいくらか売り子のおばさんに訪ねると、四二〇バーツ。意外と高価である。「高い」と言うと「じゃ、これは」と見せてくれたのは、白い地でやはりBMTAのロゴが入っているもので二五〇バーツだそうだ。

このおばさんも実は車掌さんだそうで、これまたアルバイトだったわけである。白いジャケットの後ろには、「飲んだら乗らない」と書いてある。バスの運転を職業とする人の背中に書くのだったら、もうちょっと気のきいた標語はなかったのかい。ということは、けっこう飲んでも乗っていた（運転していた）人がいたんじゃないの、と突っ込みたくなる。

紺のジャケットは背に、「大衆輸送交通はすべての階級の人のために」とあった。

まったくその通りだが、バンコクで上の階層の人はバスを使いたがらないだろう。もうちょっとすべての階級の人が使えるような快適なバスにしてほしいものだが、そうすると乗車賃も上がってしまって「すべての階層の人へのサービス」ができなくなってしまうわけだ。

次の発車はこの車輌

「じゃ、これは」250 バーツ

背中に BMT のロゴ。420 バーツのジャンバー

修理中の511も拝見

ずらり連結バス

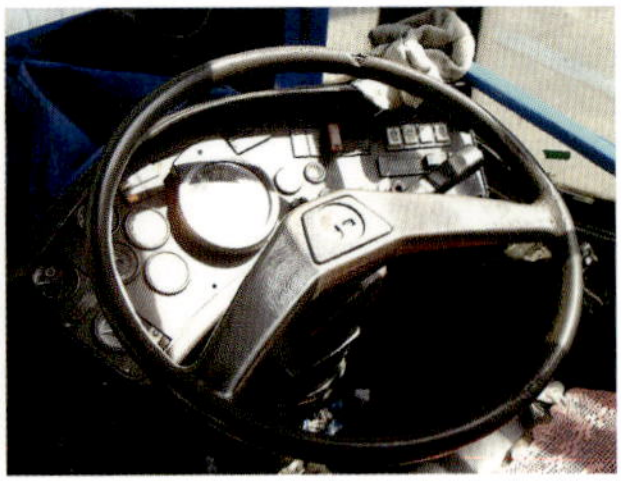
511の運転台

車庫を歩く

奥に進むとたくさんの連結車両バスが停まっている。ひとつひとつ見て回る。中にはもう使用されていない車両や、修理中の車両もあるようだ。この５１１番路線には当初二五台の連結車両バスが導入されたが、今は何台残っているかわからないという。私が道中すれ違った台数や普段の運行状況を見ていると、現在一五～一七台程度運行しているものと思われる。ほとんどメルセデス・ベンツ社製だ。中には今年運行中事故で車内から火を噴いた１４５番の車両も置いてあった。

この事故は二〇〇七年一一月一日午後二時ごろ、走行中だった１４５番のバスが突然火を噴き、三〇分にわたって燃え続けたというものだ。数十人いた乗客は皆逃げて難を逃れたらしいが、ひどい焼け爛れようである。

実際、私もバンコクでバスに乗っていて車内で焼けるようなにおいがしたり、乗車賃を払ったと思ったらいきなり「故障したからバスを降りてくれ」と言われた経験がある。もちろん払ったばかりの乗車賃は返してもらえなかった。

サムットプラカーンをぶらぶら

さて、ここからサムットプラカーンの街（中心をパークナームと言っている）に戻りたいが、どうしたらいいか。しばらく歩いて途中から来たバスに乗ろうと思って歩き始める。「左に行けばバンコク」という看板が出ていたとおり、

「左へ行けばバンコク」の看板

車庫に残された焼け爛れた145車体

火を噴く145番バス（http://www.khum.net より）

一串クシカツ

子供あいての

大きな学校、ちょうど下校時

もうここはバンコクではないのだ。

しばらく行くと学校があった。子供たちが帰りに買い食いをするための一口カツを売っている。どれも一串一～二バーツの子供価格である。

日本では学校に行く子供にあまり金を持たせないが、タイ社会では、買い食いを推奨しているとしか思えない。下校の時間になると必ず校門の前にはアイスクリーム屋さんが出るし、文具やステッカーを売る店、お菓子を売る店など子供相手のビジネスが花ざかりだ。田舎に行くほど多く見かけるような気がする。

最近では珍しくなった舟そば（クイッティヤオ・ルア）屋さんもあった。昔、運河に舟を出し、その上にスープを炭などで温める装置を配置して、川の両岸の民家などに汁そばを売っていた。それを「クイッティヤオ・ルア」と言ったのだが、陸に上がってしまったというわけだ。現在は通りの脇に船の形をした台を置き、その上でそばを作っている。作り方に特別なものがあるわけではないが、器が小さく、安価で、小腹が空いた時ちょっと食べるクイッティヤオだ。

以前は戦勝記念塔などで低所得者向けに（普通のそばが一二バーツだった時も半額の六バーツだった）よく見かけたものだが、最近はなぜか少なくなったような印象を持っていた。ここはまだお昼どき前だというのにけっこう人が入って繁盛していた。

バスが停まらない

バンコク都内にあるのと同じようなバス停が見つかったので、そこでバスを待つが、まるで無視するかのように、車庫から出てきたBMTAのバスはいっこうに停まってくれない。バス停がたまたま大きなスーパーの前で、ト

来ないなあ

バスを待つが…

陸に上がったクイッティヤオ・ルア

ようやく来たソンテウに乗る

停めてあった観光バス、ペイントにびっくり

椅子を売っている。1250バーツ

ゥクトゥク、一般車両が停まっていたから、場所がよくないのかと思って、もう一つ先のバス停まで歩いてみたが、待っている人さえいない。

よくよく見ると、バスの路線表記は１１４０としか書いてないし、設置者はサムットプラカーン交通局になっている。どうやらバンコクのバスであるＢＭＴＡのバスはパークナームの街が最終地点で、そこから車庫までの間は人を乗せないらしい。道理でパークナームの街に着いた時、車掌がどこまで行くのか、と尋ねたわけである。

ちょうどその時、白い車体のソンテウ（一トンピックアップトラック[*2]の荷台を改造した簡易型バス）がこちらにパッシングしてくるので、これが町まで行く車ではと当て勘を働かせ、それに乗っていくことにする。

「当て勘」の旅というのはエキサイティングだが、思い違いでバスがまったく違った所に向かったり、違う駅で降りたりして時間やお金をムダにすることもある。しかし、それもまた旅の醍醐味だとは思う。

途中５１１のバスに接近されたが、見事ソンテウが抜き返した。バスが入れないような狭い道を入っていくのがソンテウの長所で、途中からバス通りをはずれ、町へ入るため小さな路地を選び、あっという間に町の中についた。

乗客はトラックの荷台を降り、おのおの運転席に向かって乗車賃を払いに行く。いきなり駆け出したらただ乗りができそうだが、七バーツ程度でそういうことをするタイの人はいないのだろう。

バスの中で見ていても、感心するのは、乗車賃を皆きちっと払っているこ

＊2　タイにいる私たちはピックアップトラックと言われてすぐにイメージできるが、これはタイで発達した車両の形式と言われていて、日本にいる人は何のことかわからないと思う。私たちの子供の時代、牛乳屋さんが牛乳が運んでいたのが、サニートラックだった。実際サニートラックの販売カタログにはそのように写真が使われていた。そのサニー、カローラクラスの運転席列以降をトラックにしたのが〇・七五トン積みトラックで、それをもうちょっと大きくしたのが、タイで一番需要の多い一トンピックアップトラックである。近年日本の市場でもタイ産の三菱自動車四輪駆動車が販売されている。

お客が揃ったら出発

降りるとちゃんとお金を払う

街に着くと降りる

お、起きだした

これがまたと見られない眠れる美女

あった、あった、アイスクリーム屋

とだ。車掌がサボっていて取りに来ないと、わざわざ声をかけて払いに行く。バス停一つか二つしか乗らない人も、降りる前にちゃんと払おうとする。バスの乗車賃程度でけちに思われたくないのだろう。

眠れる美女

そろそろお昼だがまだ早いので、冷たいものを飲んでからにしよう。さっきソンテウに乗っている時やり過ごしたアイスクリーム屋があったはずだ。歩いて戻るとすぐ見つかった。

タイの田舎に行くと、こういうアイスクリーム屋がよくある。「フォーレモースト」、「ウォールズ」などアイスクリームの会社がメニューや飾りを全部提供してくれるので、どの店も同じような飾りつけが多い。

入ると女の子がひとりテーブルに突っ伏して寝ていた。昨日の晩はずいぶん遊びすぎて疲れたのだろうか。確かにバンコクにいると、なぜかふいに眠くなる時がある。夕方の場合もあるし、午前の遅い時間の時もある。彼女はだいぶ長いことそのままの状態だった。

店員の女の子に話しかけると、この店はまだ開店して数ヵ月だという。メニューはタイ語のみで、トーストとコーヒーフロートを頼んだつもりだったが、出てきたのは単なるアイスコーヒーだった。

これはこれでおいしいのでいただくことにする。でも、甘すぎる。突っ伏して寝ていた女の子が起きだし、店の子と話を始めた。二人の関係は?と聞くと、姉妹でしかも誕生日が同じ、つまり双子だという。「どう? 似ている?」と言われたものの、どうやらこれはからかわれたようである。

店の中は冷房がきいて気持ちがよかった

弟分の耳にピアスの穴を開けてやっていた

別の日に行ったら金魚にえさをあげていた

人だかりが…

だんだんにぎやかに

路地を入っていくと

怪しい儀式

冷房が効いて気持ちいい店内を出る。一一月なので、外もそんなに暑いわけではない。

以前にも行ったことがあるパークナーム市場を探すことにする。パークナーム市場はバンコク近郊でとれた海産物の取引が盛んで、新鮮な魚介類が並ぶところである。トゥクトゥクが数台停まっている。市場で買い物をした商人を待っているのだろう。市場はこの近くのはずである。

路地を入っていくと、人だかりがしている。男が布で覆ったものにおまじないのようなことをしている。タイでは死体をよく白い布で包むが、そのようにも見える。さっそく私も見物しながら写真を撮っていると、アシスタントをしていた少年が駆け寄ってきて、写真はだめだと言う。ますます怪しい。

どうやら「死者」に関しての何らかの儀式のデモだったようである。タイの庶民はこういう「怪しいもの」が大好きだ。「死者との対話」はタイの人たちにとって大きな関心事であるらしく、よくテレビドラマなどのテーマになっている。

カブトガニって食べられるの？

パークナームの市場は魚介類、生肉などが売っている生鮮食料市場だがこの手の市場特有のいやなにおいはあまりしない。ただし、いい靴は履いて行けない。歩くところは、水浸しである。

サームローのおじさんものんびり

チキンもおいしそう

写真はだめだめ。死者との対話か

カブトガニ 90 バーツ

魚の集荷場

釣り糸をたれるおじさん。釣れるのか

奥の方から入っていくと、釣りをしている人を発見。何をえさにしているかはよくわからなかった。まだ一匹しか連れていないということだったが、さして気にする様子もなく釣り糸を垂れていた。そのさらに奥が魚の集荷場らしい。せりのようなことが行なわれている様子はなく、魚を選別して籠に入れているだけであった。単なる作業所のようだ。

小売りをしているところに向かうと、通路の両端にたくさん魚介類が並んでいる。ふと見ると、これはカブトガニではないか。日本では天然記念物である。一匹九〇バーツだった。その隣にエイも売っている、かなり小ぶりだが、これは一キロ四〇バーツである。カブトガニは近くにいた子供も「おとうさん、これどこを食べるの？」と聞いていたから、タイの人々にとってもけっして一般的なおかずではないらしい。エイも少ない水に浸ってバタバタしていたが、あまりおいしそうだとは思えない。

すぐ裏がチャオプラヤー川に接しているのだが、置いてある魚のほとんどは海水魚である。日本の天皇がタイに親善の印として送ったテラピア（タイ名プラーニン）も「淡水魚、海水魚両方あります」と表示して売っていた。

ヤンキーな漁師たち

さて、お昼を回っているし、チャオプラヤー川を眺めて昼食といこう。ちょうど市場の真ん中に川岸レストランがある。

ちょっとヤンキーな兄ちゃんたちが集まっている店だった。お前が初めての外国人客だと言うから本当かなと思っていたら、それもそのはずで、一〇月二〇日に開店したばかりという垂れ幕が下がっている。

近くでビールを飲んでいたサングラスの兄ちゃんにも話を聞いてみる。おじいさんの時代から三代に渡って漁業をしているそうだ。

ビールを入れてくれるヤンキーな兄ちゃん

港のレストラン

エイ 40 バーツ

家族連れも来ている

この男はばかに静かだ

名前を聞くのを忘れたサングラス兄ちゃん

「一時工場で働いたこともあるけどよ、もうごめんだね。人から言われたとおりのことしなきゃなんないじゃん。漁民は自由だよ。漁に出たければ出ればいいからね。出たくなきゃ行かなければいいのさ。何が何でも時間通り勤める仕事は俺らには向かないよ」

　このサングラスのヤンキー兄ちゃんはよくしゃべるが、むかいで一緒に飲んでいる男はばかに静かで、一言も口を聞かない。

「あんちゃんどっから来たのさ、日本？　おいあの歌かけろよ」そう従業員に言うと、聞こえてきたのは、横浜に出稼ぎに行ったタイ人の悲哀をうたった歌だった。「プレーン・チーウィット」である。これは「生命の歌」という意味でタイ人のこころを歌う歌謡曲というところか。

「おじいちゃんの時代は、魚は大きめのもので一キロ五バーツ。今俺らは、だいたい一〇〇バーツ取ってるんだ」

　確かに市場を見ても立派な魚の卸価格はそんなものかもしれない。向こうも酔っ払っているので、あまり細かいことを聞いても要領を得ない。「アーチャー」という安物ビールが二本既にあいている。三本目をそっちのおごりでどうか、と言われたのだが、「こちら」にはそういうつもりがなかったので、お断りした。タイ人とのお付き合いは「言ってみただけ」というのをどう上手に断るかが非常に大切である。「言うのはタダだから」である。まともに受けていたら、あとでトラブルになるだけである。

　この店には名前がない。港の食事処（スーン・アーハーン・タールア）という名前の食事処をあとにした。

どうしてこんなに安いのか

パークナームの市場のまわりを見て歩く。馬鹿に服を売っている店ばかり

パークナームは衣類が安い

今日の昼食

チャオプラヤーをながめながら

古い町だから道が狭い

ここでもサームローが活躍

CD も安い

目に付く。一〇時三〇分から二四時〇〇分まで開いているそうだ。

とにかく安い。服は四〇バーツからある。六〇バーツの値札の上に「これ以上負けさせないでください」と書いてあった。

先ほどの昼食は「プーパッポンカリー（エビカレー味炒め）」をご飯の上に載せて五〇バーツ。生ビールが二五バーツだったことを考えると、食べ物はそんなに安いわけではない。田舎に行っても食べ物はそんなに値段が変わらない。逆に地方のほうがバンコク郊外より高い場合がある。

アイスクリーム屋で飲んだアイスコーヒーも二〇バーツで普通だった。タイのものは、手のかかりようや材料費だけでは値段が決まらない。タイ風カレーのように手がかかっているのに意外と安かったり、逆に葉に具を包むだけの「ミャン」という料理など、こんな簡単な材料でこんな手抜きで作っているものがなんでこんなに高いのかと思うことがある。

乗ったことのない郊外バス

あとは市内に帰るだけだ。友人のお父さんが亡くなられて今日がお葬式の最終日、荼毘《だび》に付す日である。あまり遅れて行ってはみっともない。

大通りに向かって歩くが、町中に路線バスが通らないのが欠点である。昔から開けている町はバスが入るような大通りがないのだ。特に感じたのはバングラデシュのダッカに行った時だった。オールドダッカの町中は軽自動車もすれ違えないくらい道が狭い。ヨーロッパもそういうところがたくさんあった。

物売りがえんえんと左右に連なっている道を行くと、ようやく時計塔のある大通りに出た。学生がキャスター付きの重そうなかばんを引っぱって歩いていた。二人は姉と弟であろうか。ともにボーイスカウトの制服を着ている。

重そうなカバンを引くきょうだい

ようやく時計塔のある大通りに出た

店がえんえんと続く

運転席の脇の丸椅子は車掌の腰掛け

黄色い看板のバスが来た

乗ったことのない 4 桁のバス 1286

これはタイの学校に入学する際購入が義務付けられている。重そうなかばんは何だろう、もし進学校の学生ならこれくらいの教材を持って歩くのかもしれない。またはキャンプか何かの帰りであろうか。

大通りには、バンコクのＢＭＴＡ管轄のバスではない郊外同士を結ぶ四桁のナンバーを持ったバスが停まっていた。

このバスにはまだ乗ったことがないので今度ぜひ乗ってみたい。ＢＭＴＡとの共同運航の車両ではないので、ＢＭＴＡの基準でバスの番号が決められているわけではなく、四桁のバス番号になっている。たとえばここパークナームからプラープラパデーン（サムットプラカーン県）を結ぶのは１２８６である。

いつ値上げ?

バンコク市内に戻るのは高速道路を使う５１１番、オレンジ色の車体で黄色い看板をつけているバスを選ぶ。このバスであれば途中のバンナーの交差点から高速道路に乗り、ペッブリーのインターを下りるので、時間に間に合うはずである。

車掌さんから乗車賃二四バーツと言われて驚いた。二〇バーツが上限ではなかったのか。見ると、車内に「二〇〇七年一一月から５１１の高速道路に乗る路線区間は一律二四バーツ」というＢＭＴＡの告知が張ってあった。

二四バーツはタクシーの初乗りにもならない額なので、距離に対して言えば確かに安いが、バンコクの一般住民は一本の路線で勤務先、学校に通える人は少ないので、これはこたえる。タイの職場は普通、交通費を出さない。所得が少ない人ほど安い家賃の郊外に住む。小道を入った奥に住んでいる人はバイクタクシー、ソンテウ等に乗り継いでくるので、交通費が高くつく。実際、高速に乗ってから降りるまで座席の半分も乗客はいなかった。

行き先を告げて乗車券を買う

すれ違う

511 高速経由バンコク市内行き車内

戻ってきました。プラトゥーナム交差点あたり

むっつりした運転手

車内にかけるジャスミンの花輪を売るおじさん

中心街に戻ってきた

バンナーから高速に乗ったバスはそんなに飛ばすこともなかったが、三〇分もしないうちにペッブリーについた。往路にかかった時間の半分以下である。高速を降りてからはひたすらペッブリー通りを進む。

左手に「ザ・プラティナム・ファッションモール」が見える。ここは三着買えば卸価格になる服の卸専門店が集まったビルだが、業者より一般消費者が買いに来ていつも土日はにぎわっている。勝ち組のショッピングコンプレックスである。

勝ち組というと、しばらく行ったところにある「パンティップ・プラザ」もそうである。パンティップは九〇年ごろ、まったく寂れて、テナントも出ていってしまい閑散としていた。これを再生させたのは、あいた安価な貸し店舗に入ってきたコンピューターのパーツの店たちである。最初は仏像ペンダントや、秋葉原のような電気パーツを売っている店が多かったが、最近はすっかりITシティとしてよみがえった。これはまったくビルの持ち主も予想していなかったのではないだろうか。

休日はこの二大ショッピングビルのおかげで歩道が歩きにくいほど人でにぎわっている。その人たちを目当てに屋台の物売りの人たちも大忙しである。飲み物、歩きながら簡単に食べられるようなものが多い。さっきののんびりしたパークナームの市場の物売りとはぜんぜん違う。

バスはペッブリー通り、国鉄の踏み切りを越えて、サパーンカーウ（白橋）、プーカオ・トーン（黄金の山寺）を左手に見て、民主記念塔についた。私もここで他の乗客と一緒にバスを降りた。

（取材　二〇〇七年一一月一〇日・一四日）

民主記念塔脇のマック

元気なパンティップ・プラザ

ザ・プラティナム・ファッションモール

第6章

川を渡って港町 マハーチャイに68番

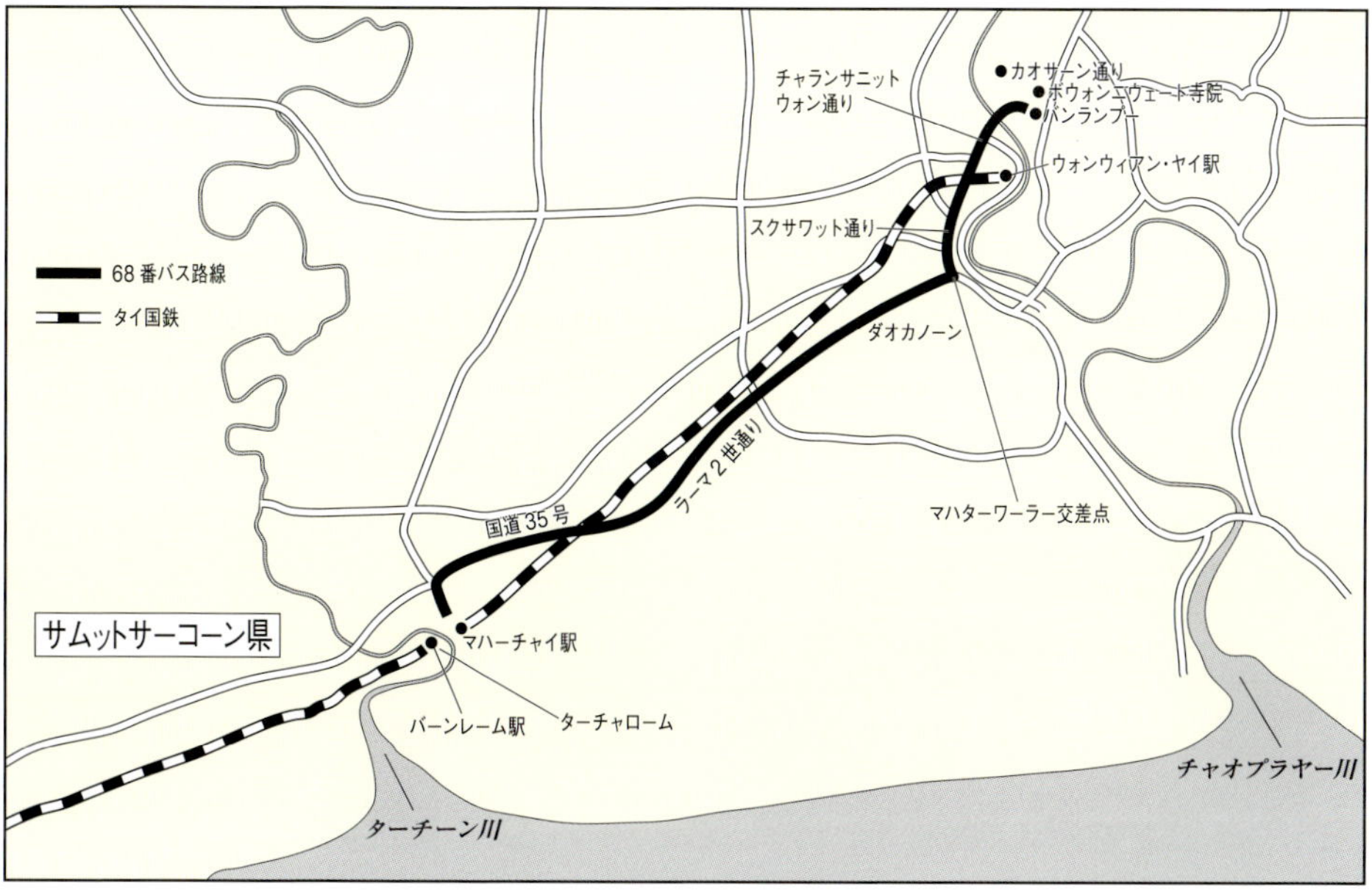

市場の中を列車が走るマハーチャイ駅

なかなかスマートだ

町を行く68番

ひたすら南に向かうバス

68番の路線は以前から気になっていた。日本のある農事法人の依頼を受け、ペップリー県に農産物取引のアドバイザーとして日参していた頃、バンコクからはるかサムットサーコーン県まで走っている路線バスを見た。国道35号線をひたすら南下しているそのバスは停留所に停まっているところを見たことがなかった。それが68番だった。

終点はマハーチャイと聞いて、なお行って見たくなった。マハーチャイといえばシーフードがおいしいと聞いている。[*1] また鉄道駅の中に市場があることで日本のメディアにも取り上げられたこともある。マハーチャイへ行くなら普通はトンブリーのウォンウィアン・ヤイ駅からタイ鉄道に乗って行く。バンコクから路線バスで行く人はいないだろう。それもまた面白いと思う。

バンランプーのパン屋さん

この日、一二月一日は国王誕生記念日の前日で、車の出が多かった。始発点に急ぐ。

バンコク市内の始発点はバンランプーである。バンランプーには有名なパン屋さんがある。店の屋号は「ポンチャイ」と言うが、「バンランプーのパン

＊1 結局シーフードを食べさせるおいしい店があるわけではなく、シーフードの加工工場が集まっていて、有名だということがわかった。

次から次と買いに来る人が

うわさのパン屋さん

国王誕生日の前日で混んでいた

最近導入した大型オーブン

次々と焼きあがるパン

お金を持って待っているところがすごい

屋さん」と言えば誰もが知っている。次から次へと客が絶えない店だ。

ここは私が最初にバンコクに来た一九八七年には既に有名店であった。その当時は小さいオーブンしかなかったと見えて、パンが焼きあがる時間を知っている人が列を作って待っていて、ものの一〇分もすると売りきれてしまい、また午後のパンが焼きあがる時を待つという具合だった。

今回ひさしぶりにアツアツの焼きあがったパンを買った。一斤三五バーツである。スーパーマーケットで普通の食パンが二五バーツ程度で売っていることを考えるとちょっと高い。でも確かにずっしりとしていて密度が濃いパンだ。買ったのは干しぶどう入りパンである。両端には干しぶどうはほとんど入っていないが、真ん中あたりは割るとボロボロとこぼれ落ちてくるほど入っている。他にもハムやソーセージが入っているパンがある。ミックスというのもあるところを見ると、これらが全部入っているのもあるようだ。

いったい月にどのくらい売り上げているのか知りたかったが、「税務署がうるさいから」と言って教えてくれなかった。商売人の敵はどこも同じようである。私の見立てでは一日五〇〇斤は下らない。ということは一ヵ月五〇万バーツの売上になる。人件費、材料費が半分を占めると思うので、営業利益は月二五万バーツ。店舗が自分のものであるとしたら、悪い商売ではない。

しかし、このお母さんはひとりで次から次へとやってくるお客をさばいているが、これは相当重労働だろう。裏にあるパン工場も見せてもらったが、大きなスペースを所有している割にオーブンは二機しかなく、なんだかちょっともったいない気がした。

カオサーン通りあれこれ

68のバスの出発点はこのパン屋から少し進んだボウォンニウェート寺院の

西洋人が多いせいか開放的雰囲気

カオサーンにはあらゆる人種が

パン工場内

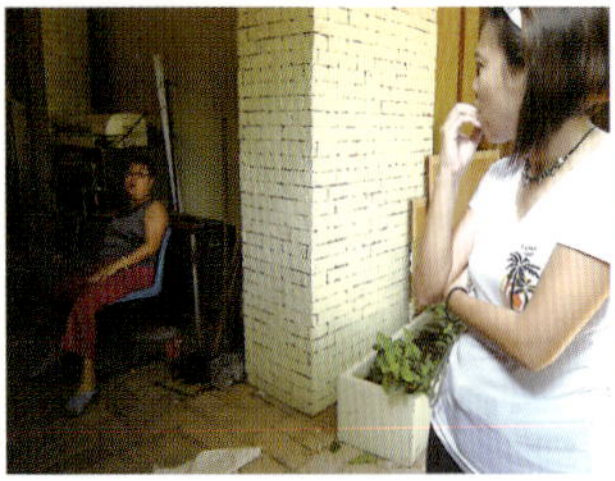
お母さんのチンタナーさんとブッサコーンさん

イスラエル人が多い

ヘブライ語でいろんな情報が

脇だと知っていた。どうして知っていたかというと、タイに来たばかりの頃から最近まで、この近くにあるカオサーン通りを利用していたからである。カオサーンは八〇年代から、西洋・東洋からの旅行者のための安ゲストハウス、ディスカウントチケット店が数多く軒を連ねる通りとして有名だった。

この一〇年くらいの間にカオサーンにはイスラエル人観光客が目立つようになってきた。イスラエル人は東南アジアではマレーシア、インドネシアなどイスラーム国に入国が許されていない。[*2] 飛行機の利便性もあって、[*3] おのずとタイに集まるイスラエル人旅行者が多くなったのである。

イスラエル人専用の旅行サービスの店、ピタ[*4]が食べられるレストランなどがあり、ヘブライ語での看板が目立つようになってきた。掲示板には旅行者同士の情報交換のヘブライ語メモがたくさん貼り付けてある。

イスラエル人の客が多いこの店United Travellers Connectionのオーナーの娘さんブッサコーンさんに話を聞いてみた。お母さんのチンタナーさんがここにイスラエル料理の店を開いたのは八年前だそうだ。ブッサコーンさんによると、もともとお父さんが警察官だった関係でこのカオサーンに住むことになったという。

カオサーン通りの西の入り口にはチャナ・ソンクラーム警察署があり、その裏には寮がある。タイは警察署と警官家族の寮が同じ敷地にあるのが普通である。昼間することのないお母さんは、料理や菓子などを焼いてカオサーン通りで売ることにした。カオサーンに西洋人旅行者の姿が増えてきたころである。

＊2　イスラエル国籍の者はイスラーム国へはほとんど入国できない。

＊3　イスラエルの航空会社エルアル航空が直行便をバンコクに就航させている。私も一度乗ったことがあるが、おおよそ面白みのない航空会社だ。乗務員に「怒られた」という話もよく聞く。

＊4　ピタはイスラエルのサンドイッチである。薄い地のパン生地に牛肉、野菜を入れてソースをかけて食べる。お隣のエジプトのサンドイッチと似ているから不思議だ。

しゃれた店になった

バリバリ指示を飛ばす

いかにもやり手という感じのブッサコーンさん

従業員もいそがしそう

一番人気のあるイスラエルコロッケ

ヘブライ語の看板も

その後、ゴムゾウリなど西洋人の喜びそうなものを揃えて売るようになり、それなりに収入があった。当時からお母さんは見知らぬ外国人旅行者に親切にしてくれるおばちゃんとしてカオサーンでは有名人だったようである。そしてある日、イスラエル人のデビットというバックパッカーと知り合いになり、彼のアドバイスでアラブ人向けのレストランを始めた。最初は小さい店舗を借りてやっていたが、これが当たったのである。

ここで不思議なのは、どうしてイスラエル人がアラブ人のためのレストランを勧めたのかということだが、娘さんによると、イスラエル人は特にアラブ人を嫌っていないらしい。むしろ商売の上では友好的なようだ。意外だったが、確かにバンコクまで来ていがみ合う必要もない。ただしドイツ人は大嫌いだという。それはそうだろう。

お母さんは並びにもう一軒ビルを借りて、今度はイスラエル人を相手にピタなどのイスラエル料理の店を出した。このデビットというイスラエル人は二〇歳そこそこの若者で、レストランで料理の修行をしたわけでもなく、たまたまタイに旅行に来たバックパッカーだったという。

お母さんは料理好きの人で、すぐアラブ・イスラエル料理を習得し、イスラエル人の間に口コミで評判がひろがった。その後、レストラン以外にも、デビットのアイデアで荷物預かりサービス、イスラエルへの荷物宅配サービス、最初三〇分無料のインターネットカフェなど斬新なアイディアで手を広げ、イスラエル以外の西洋人、日本人も利用者が増えていった。しかし、イスラエル人の旅行者が増えるにつれて、アラブ人旅行者はカオサーンから消えていったそうだ。

資金がたまると内装などを充実させ、少し離れた場所にゲストハウスも始めた。店内は大きな投資もしてないようだが、なかなかセンスよくまとまっていた。これはお母さんとデビッドの協働である。現在、レストラン三軒とゲストハウス一軒を経営している。話を聞いている間にも次々とイスラエル人が出入りしている。

ゲストハウスまで手を広げた

イスラエルへの宅配サービス

インターネットは30分無料

カオサーンの入り口タナオ通り

売るほうがはにかんでどうする

カオサーンは裏道がおもしろい

ゲストハウスはここから数分のところで、三〇部屋程度しかない小規模のものだが、イスラエル人にとっては居心地がよさそうである。

ブッサコーンさんはイスラエルには行ったことがないそうだが、お金を貯めて息子と二人で日本でバックパッカーをやりたいと言っていた。頼もしいタイの女性たちである。

カオサーンを歩くなら絶対裏道がおもしろい。外国人には目もくれずタイ人相手の商売しかしない店（タイ語のメニューしかない料理屋など）や果物売りがいるかと思えば、西洋人相手に物売りをする女の子もいる。西洋人旅行者とタイ人の駆け引きを見ているだけでもおもしろい。自分の国だから自分のペースでできる。ぜんぜん英語も話せないのに西洋人相手に商売を試みている者もいる。タイ人の物怖じしない態度と西洋人の戸惑った姿を見比べると思わず笑ってしまう。

もともとこの辺はバンコクに建都した一番最初から開けたところなので、古い建物が多い。「タナオ通り」など、築一〇〇年以上の文化遺産と思われる建物がたくさんある。スターバックス、バーガーキングなどの店舗にはラーマ五世時代の古い家屋が使用されている。[*5] カオサーンはとにかく面白いところだ。

名刹ボウォンニウェート寺院

バス乗り場に着くとちょうどそこには68番のエアコンバスが停まっていた。運転手が降りてきたところだったので、しばらく発車しないだろうと、付近

＊5　カオサーン通りのスターバックスは一〇〇年前に立てられたプラヤー・アタラートゥラシンという貴族の旧宅であり、文化遺産でもある。

寺院の内部。この日は特に人が多い

ボウォンニウェート寺院

バーガーキングの店舗はラーマ５世時代の古い家屋

ちょっと不安そうな僧も

袈裟を受け取り、お堂に入る新僧

飾り物も総出で

の写真を撮っていたら、さっさと発車してしまった。こういう時は逆に時間をもらったと思って、隣のボウォンニウェート寺院も覗いてみよう。

どうやら国王生誕八〇周年記念日が近いということもあって、今日は得度式をしているようである。近くで話している人の話を聞いていると、この日四〇人が出家するということだ。

ボウォンニウェート寺院は、大都会の中にあっても、由緒正しい寺院として熱心な仏教徒の信仰の対象となっている寺である。タイの仏教界には二大宗派がある。ここボウォンニウェート寺院はタイの中でもどちらかというと厳しい宗派として知られるタンマニカーイ派の寺院である。この宗派の僧は普通のオレンジ色の袈裟より少し深い色の袈裟を着ている。ボウォンニウェート寺院が有名なのは、現国王ラーマ九世国王とラーマ五世国王がここで出家されたからである。

これから僧になろうという男子が次々と袈裟を受け取って中に入っていく。中には不安そうな様子の者もいる。参拝に来ている人も多い。

タイの男子は一生に一回以上は僧門に入ることを求められる。しかし、本人にその気があっても、また親・親戚が仏門に入ることを求めても、忙しい現代ではすべての状況が整うというのはなかなか難しいようだ。私の友人の例で言えば、だいたい親がなくなった際などに出家している。

運転手と車掌

バス乗り場に戻ってみると、ちょうど次のバスが入ってきたところだったので、すぐ乗り込んだ。乗り込むと同時に出発したので、下手をするとまた一本見送るところだった。そう待たずに次のバスが来ることもあれば、一時間近く待つこともある。特に68番のような長距離バスは定期的には来ないの

運転手さん。これから発車

行事ということもあって、軍も配置

人が集まるところに宝くじ売りあり

ピンクラオ橋を渡りトンブリーへ

始発時の車内

切符は20バーツ

で用心が必要だ（用心したところでどうしようもないのだが）。「終点まで」と言って乗車賃を払う。二〇バーツだった。二〇バーツというのはこのタイプの青と白のエアコンバスでは最高金額である。

バスはチャオプラヤー川に架かるピンクラオ橋を越える。この先はトンブリーである。いつ見てもピンクラオ橋から見るチャオプラヤー川はいいものだ。

車内はほとんどお客がいない。おまけに次の68のバスがすぐ追いかけてきた。どうやら今日はこの路線に関しては流れが順調なようだ。

バスの車両の状態はあまりよくない。乗車券（実際には領収書）を見ると、「SKツアー」と書いてある。この路線も民間委託路線である。

他に504、507などがSKツアー社によるバス運行だが、だいたいSKツアー社のバスはどの路線もあまり状態がよくない。

乗客が少ないのをいいことに運転手の左脇に席を陣取る。

乗務員の名前が運転席の上に掲示されている。運転手はウィナイという名だ。途中から乗ってきた男性と親しく話しているが、友達だろうか。二人の話に聞き耳を立てていたので、その男性が降りたあと、話を引き取っていろいろ聞いてみた。

ウィナイさんは以前はトラックの運転手をしていたが、運送会社が解散して失業したのち、この路線バスの運転手になった。もう二年になるそうである。

今は学校に行っている子供がいて、給与は基本給が七〇〇〇バーツ、乗客数に見合った能力給が七二〇バーツ、路線手当てが一二〇バーツ。一日この路線を四往復するそうで、他の路線で聞いた平均一日二往復から比べると、ずいぶん重労働だ。

始発は朝三時半にサムットサーコーン県マハーチャイの車庫を出る。終発は二一時に同じくマハーチャイの車庫を出て、バンコクのボウォンニウェート寺院に二二時三〇分、車庫に戻るのが二三時三〇分だ。

車掌さんの名前は聞かなかったが、走行中たまに乗ってくる乗客の運賃を徴収する以外はビーズ刺繍に熱心だった。ビーズの入ったプラスチックのケ

まわりの客と談笑

運転手はウィナイさんです

警官が交通違反車を停めていた

もう郊外の雰囲気

ビーズ刺繍に余念がない

時々働く車掌さん

ースを三つと、ドラエモンのお弁当箱のような道具入れを運転席の脇に置いて、一心にビーズを糸に通している。内職なのだろうか。いくらなんでもこんなバスの中で、しかも乗客が乗るたびに料金を徴収に行かなければならない職場環境で、糸にビーズを通していても稼ぎになると思えない。どちらかというと、ビーズ刺繍の合間に乗客から料金を徴収しているように思える車掌さんだった。

　バスの運転席から見て左にある一つしかない席は車掌の専用席になっていることが多い。その横のエンジンカバーや運転台のまわりは車掌の私物が占拠していることが多い。

マハーチャイに着いた

　バスはトンブリーの下町チャランサニットウォン、スクサワット通りを抜け、ほぼまっすぐ南に走って、マハターワーラーの交差点を右に曲がり、ダオカノーンに向かう。

　ラーマ二世通りを通ってひたすら南西を目指す。確かに郊外に出てマハーチャイに着くまでほとんど客を乗せなかった。

　一時間くらい走ると35号線の左側にマハーチャイ病院という看板が見えたので、この辺がマハーチャイなのか。バスは左に曲がり、ほこりっぽい道をひた走って街に入る。

　列車が来るたびに露天商が商品を片付ける姿で有名になった市場があるマハーチャイだが、もともとこのあたりは中国からの交易船が着く港町だったことから、「ター・チーン（中国港）」と呼ばれていた、その後アユッタヤー王朝時代の一五五六年（タイ暦二〇九九年）ソムデット・プラマハーチャッカポンディーが「ムアン・サーコンブリー」と名づけ、当時の行政区画である「ム

ほこりっぽい道をひたすら走る

もうすぐサムットサーコーン

車内はがらがら

マハーチャイに着いた

この人が最後

バケツを持った乗客が降りる

アン」（現在のムアン郡という行政区分とは別物）に昇格させた。

現在は正確に言うと、サムットサーコーン県、ムアン郡（県庁所在郡）、タンボン・マハーチャイである。

タイの地方行政は[*6]一番上に国があって、次が県、次に郡（アンプー）そして、タンボンという行政区に分かれる。今では地方の行政区画の一つにすぎない「マハーチャイ」という呼び名は以前この地域全体の総称で、今も庶民はこのあたりを「マハーチャイ」と読んでいる。

マハーチャイは現在はムアン郡に所属する一八あるタンボンの一つで、この「タンボン行政区」というのは区議会も持っており、さしずめ日本で言ったら市町村に該当する。

昼メシにしよう

バスは車庫を過ぎて街中で停まった。

「この辺でなんか食べろよ、もうすぐお昼だからね。そこのカーオ・ナーペット（ダッグライス）の店はおいしいよ」親切なウィナイ運転手はそう言ってバスの扉を開けてくれ、私が降りると車庫に戻っていった。車掌さんは車庫で降りていて、もうバスにはいない。

＊6　タイの地方行政は二つの流れがあると言われている。①中央行政（内務省）―県（チャンワット）―郡（アンプー）―行政区（タンボン）―村（ムー・バーン）という中央集権体制と、②テーサバーン区、スカビバーン区、オーボート（タンボン自治機構）などの地方分権自治体制である。七六都県、七四九の郡（アンプー）、七二五五のタンボン行政区、六万六九七三の村（ムーバーン）がある（㈶自治体国際化協会『行政事務からみたタイの地方自治』二〇〇〇。を参考にした）。私の知る限り、現在タンボン行政区は統合の方向にあるが、村（ムーバーン）の数は逆に増えている。また、タイの地方行政の仕事のほとんどは「機関委任事務」である。

これがダッグライスの店

さてと…

「このへんでなんか食べろよ」

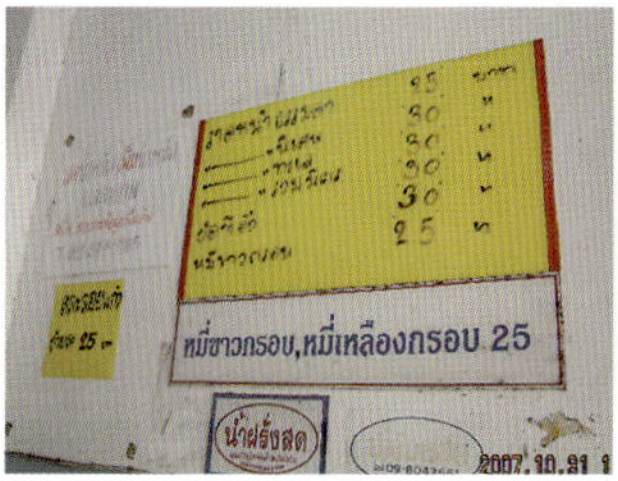

メニューは 25 バーツから

店内は簡素なつくり

こちらはラッナー

ウィナイさんの言うとおり、まだお昼前だが朝を食べていないのでお腹がすいた。食べるところを探すことにする。

シーフードのおいしい店というのはまだこの辺にはありそうもないし、私自身も興味はないので、おすすめどおり、降りたところにあるいくつかの庶民的な店の中から選ぶことにした。

左の黄色い店は確かにダッグをご飯の上に乗せた料理が売りの店らしい。「ペットヤーング（鴨焼き）」と書いてある。しかし中をのぞいてみると、ずいぶん人が入っている。それにこれからまだ相当歩かなければならないので、ちょっとダッグライスはお腹に重い。その一つおいた右隣に「ラッナー」の店があるので、そちらにしよう。

ラッナーとは米粉で作った麺にあんかけ風の汁がかかったそば料理である。店の前面に調理場があって、数人の女性が熱心に調理している。店は簡素なつくりで四つ足のプラスチックのベンチだが、まあ、ここで良いだろう。決め手は店の人が機敏に動いていることだ。旅行先の食事で重要なことはさっと出てくることである。メニューボードには、ラッナーが二五バーツからとある。

注文して数分でラッナーが運ばれてきた。店員はしばらくどこに運んでいいのかわからず、皿を持ったままうろうろしている。不思議なのは、どうしてどこのテーブルに運ぶのか了解してから持ってこないのか、ということだ。

タイの人の労働はいつも行き当たりばったりである。準備というものをしない。準備しておいたほうが自分も楽だろうと思うのに、プロの運転手もめったに事前に経路を調べておくことをしない。いつも同じ道に入って失敗する。ただし、「言えばちゃんとやってくれる」。自分で調べないが、ここを通ってこう行くんだよと言うとその通りやってくれるのがタイの労働習慣だ。

仕事を指示するほうもあまり具体的なことを言わないことが多い。とりあえず料理が仕上がったら皿をホールに持っていく。そうすれば親切な客がそれは俺のところのだよと言ってくれるだろう、と期待しているのだろう。

どう見てもカレーライス

一家総出で働いている

けっこうはやっている

満腹

なぜかアイスクリーム冷蔵庫を掃除

コーラとセットで 35 バーツ

さて、出てきたラッナーは普段バンコクではあまり食べないのだが、普通のラッナーよりあんかけが数段濃厚だ。写真で見るとわかるように、日本で言うカレー皿に入っているので、まるで社員食堂のカレーライスのようだ。

皿の中身をスプーンとフォークでひっくり返し、よく混ぜて食べるのがタイ流である。私自身はあまり混ぜないほうが好きだ。

タイの店では必ず飲み物をどうするのかと聞かれるので、店に大きな看板が出ているペプシコーラにする。タイではコカコーラよりペプシの方が市場占有率が大きいそうである。飲み比べてみると確かにペプシの方がおいしいような気がする。

おかゆあれこれ

食べ終わって、三五バーツのお勘定をして外に出る。今年（二〇〇七年＝タイ暦二五五〇年）の一一月はバカに寒い。まだ日が出ているから良いが、ビルの日陰で風が強いところで食事していると、そばなどすぐ冷めてしまう。もともとタイの汁そばはアツアツなものが出てくるのはまれだ。タイの人は猫舌の人が多いようだ。私もその一人である。

向かいには南タイ料理の店があるが、さっきのウィナイ運転手の話だと「辛くて僕も食べられない」そうである。その隣には豚挽き肉の入った「チョーク」と呼ばれるおかゆ[*7]、その向こうには肉まんを売っている露天の店があった。

チョークの店には人がいなかった。こういう料理は朝だけ食べるものだ。トーストやおかゆ類など、朝だけ出る露店というのが多くある。

＊7　「チョーク」をおかゆと言っていいのだろうか。調理法にもよるが、「おじゃ」と言ったほうが近いのかもしれない。

銀行には用はない

チョークの店には人がいなかった

向かいは思いっきり辛い南タイ料理

開発モデル寺のマークは「法輪」

ワット・ポーム……長い名前だ

売りに出ていたサニー

おかゆには、炊いたお米をただ煮る「カーオトム」と、粉々になった安いお米をどろどろに煮る「チョーク」とがあるが、朝食としては後者の方が人気である。しかし、なぜか深夜の夜食となると前者のカーオトムの方が人気であるから不思議だ。

タイでもバブルの時代（九〇年から九七年六月末まで）は、若者の間では、深夜までディスコで騒ぎ、明け方にカーオトムというのが「ナウい」（今は言わなくなったようだが）遊び方だったようだ。この場合食べているのは明け方だが、当人にとっては深夜のままである。

少し歩くとガレージの前に「売り」という看板を乗っけた中古車が置いてあった。サニーである。

普通は電話番号が「売り」の下に書いてあるものだが、この車にはなかった。いきなりその辺で作業している若者に聞いても値段がわからないことが多い。こういう販売形態の中古車の価格はその車の持ち主と直接交渉しないとわからない仕組みになっている。

モデル開発寺

だんだん町の中心らしいところに近づいたようだ。タイの田舎で町の中心を探すのだったら、バンコク銀行の支店を目指して歩くのが良い方法だろう。だいたい町中の一番いいところにある。今回はそのような努力を払わなくても大きなお寺が見えたので、その角を曲がったら町の中心に着いた。この寺の名は「ワット・ポーム・ウィチエンチューティカーラーム」という。ポームというのは大砲の先端が隙間から顔を出せるように作られた昔の城壁のことで、このお寺の壁も上部がでこぼこになっている。

丸い法輪のマークの下に、このお寺は「モデル開発寺」であると書いてあ

お守りの宣伝

霊験あらたかな

さすが開発寺、改築中

潮の香りが

街を歩いていると

サームローもお昼のお休み

る。寺による「開発」とは意味が二つある。寺自身が時を得て開発され、お堂などが立派になったお寺という意味と、地元の開発・発展に大きな功績を果たしたお寺という意味とである。文部省宗教局から指定を受けている。

　出発の時ボウォンニウェート寺院でゆっくりお寺見物を楽しんだので、ここは通り過ぎるだけにしようと思ったが、この寺壁に貼ってある垂れ幕に目が行った。「チャトゥカーム・ラマテープ」の宣伝である。

　このメダルのようなお守りは、最初、南部のナコンシータンマラート県のお寺で売り出されたもので（チャトゥカームとラマテープは南部の王様の名前）、本当は退役警官が製作したという話だが、その後、御利益があるということであちこちで作られ、爆発的に広まった。

　現在は霊験あらたかな僧、あるいは由緒ある寺院が作製したものが高く取引されている。また、王族など社会的に地位が高い人たちの誕生日に作って、パーティーの参加者に「引き出物」として配ることがあり、いわれや霊験のあらたかさ加減で市場価格が決まっているようである。大学院の経済学の試験問題でも、市場価格決定の要素についてこのチャトゥカーム・ラマテープが事例として取り上げられていた。

渡し舟で別世界へ

　街の真ん中を歩いていると潮のにおいがしてきた。サムットサーコーンは東西に長く海に接しているので魚介類が豊富でシーフードの冷凍工場もたくさんあると聞いている。楕円のロータリーがあるところを町の真ん中と見た。それを左手に見て潮の匂いのする方向に歩くと桟橋があった。桟橋から眺めると対岸がある。これは何かあるはずである。まず乗ってから考えよう。

　渡し舟の乗車賃は大人三バーツ、子供二バーツとある。バンコクとトンブ

変なおじさんが写真撮っている

ロープを外し、いざ出発

渡し舟の料金所

桟橋からは細い小道が。まるで別世界

天秤棒を担ぐ行商人。100 年来変わらぬ図

あっというまに向こう岸に着きました

リー地区を分けるチャオプラヤー川の渡し舟は、渡る際に乗車賃を徴収するが、対岸から戻る際は徴収しない。ここはどうなのであろうか。

すぐに舟が来た。乗客はけっこう多い。天秤棒などを担いでいる人もいる。おそらく一〇〇年近く変わらない図であろう。舟の上の大部分はバイクが占領している。渡し舟というよりフェリーである。チャオプラヤー川の渡し舟より一回り大きいせいか音も静かだ。

あっという間に向こう岸である。桟橋からまっすぐ細い小道が続いている。まるで別世界にいざなわれる気分だ。

小道は七〇メートルくらいですぐ終わった。そこには数台の人力サームローが待っていた。サームローはバンコクでは消えて久しいが、それはバンコクだけの話で、地方ではまだ現役である。しかし、ほとんど乗る人もいなくて、ただお客を待っているだけにしか見えない。

そのすぐ脇にはコンビニエンス・ストアーがあって、最初はセブンイレブンかと思ったが、よく見ると似て非なるものである。看板のラインと色はそっくりだが。真ん中の「7」であるはずの文字はよく見ると「J」であった。おもしろいのはその数軒先に本物のセブンイレブンがあることだ。手前にある分、偽物が有利なのだろうか。

その先に行くと、ちょうど昼時のせいか、近くの食品工場の人たちが露天の店や商店に買い物に来ている。だけどどこか様子が違う。頬に渦巻き模様のおしろい。これはミャンマーから来ている人たちだ。そういえば68の運転手ウィナイさんも「最近ミャンマー人がすごく多くて」と言っていた。いったい誰が斡旋して連れてくるのだろうか。

二〇〇四年の津波被害の際、パンガー県で出稼ぎに来ていたミャンマー人が多く亡くなった、その数二〇〇〇人とも言われている。そのほとんどが身元が判明していないうち火葬されたという。現在出稼ぎ外国人はタイ政府に正式に登録できるようになっているが、まだ不法にミャンマー人を斡旋している場合も多いと聞く。

ミャンマー人の工員たちが買い物に来ていた

セブンイレブンだと思ったら…

小道を抜けると人力サームローが

中国廟を発見

耕運機のエンジンを付けた改造トラック

町のシンボル時計台

ここが町の中心らしい

少し奥にロータリーと時計塔があった。タイの地方に行くと、このようによく街の真ん中に時計塔がある。

真ん中のサークルはこんな片田舎にしてはよく整備されている。時計も正しく動いているようである。感心していたら、脇にあった看板にタイ暦二五四六年（二〇〇三年）交通整理網改善のため、都の予算四八五万バーツを投じて補修されたと書いてある。この予算は地方政府が独自に徴収した予算でまかなわれていると書かれているが、二五四二年（一九九九年）の地方交付税と地方税の割合は七対一程度であり、まだまだ国から予算が来ないと地方は独自に使える予算が少ない。

帰り道、大きな耕運機のエンジンを使ったトラックを見た。地方の農産物や畑仕事に出て行くためよく使われている改造車である。バンコクで反タックシン元首相の集会やデモが行なわれた時、地方の人たちがこの農耕用改造車を連ねてタックシン支援にやってきたというニュース映像を見た。せいぜい時速三〇キロ程度しか出ないはずで、田舎の人はずいぶん我慢強い。

もう桟橋が近いというところで中国風の廟を発見。入ってみることにした。ちゃんと門番のおじさんが座っていて、お堂の電気をつけてくれた。まったく中国風のお堂であり、地元の資産家が建立したものらしい。

案内のおじさんは「これが廟の建立者だ」と写真を見せてくれた。ここは分廟で、本体はここから二キロ離れたところにあるらしい。

さて桟橋に戻ろうと廟を出たところで、ＲＣコーラ発見。このコーラはバンコクでも郊外か下町、あるいは所得が低い層の住宅街でしか売られていない。一本五バーツである。飲みたかったが、売り子がどこかほっつき歩いて

幻の RC コーラ。まだ味は知らない

廟の脇の通り

廟の中に入ってみた

しきりに心配する母親とうるさがる息子

渡し舟は帰りも３バーツだった

干物の店を覗く

いるのか見当たらなかったので、残念だがあきらめた。

桟橋までの道すがら干物などの店を覗く。渡し舟は帰りも三バーツだった。切符切りのおばさんにこちら側の地区は何と呼ぶのかと聞いたところ、「ターチャローム」だった。

サムットサーコーン県は三つの郡からなる小さな県だが、その中のムアン郡（県庁所在郡）には一八のタンボンという行政区があり、その中で一番小さいのがタンボン・ターチャロームである。

三バーツ払って一番後ろに席を取る。前には母親と息子と思しき二人が座っていて、お母さんはしきりに息子の顔を気にしてかまっている。別に傷になっている様子はない。息子は心配する母がうるさそうではあるが、手を振り払うようなことはしない。

贅沢な午後

マハーチャイ側に無事着いた。桟橋のあたりは海岸公園のようになっており、のんびりとした雰囲気だった。犬が寝そべっている隣でおじさんたちが世間話をしていた。

再び町の中央へ戻る。市場があったので中に入ってみると、イカばかりたくさん売っている。タイではどこでもイカが出てくる。他には小さめのカニ、なぜかブドウ。また水産加工業の工場が多いせいか、長靴がどこでも売られているのが面白い。

さらに奥に入っていくと急に目の前に鉄の塊、いや巨大なジェラルミンが見えた。この市場にはまったく場違いの「列車」である。列車が市場のど真ん中にある。これが列車が通るたびに商品を片付けるという有名な「マハーチャイ市場」なのだろうか。

イカばっかり

町の中をぶらぶら

マハーチャイに戻ってきた

踏切がないので駅員が確認

プラットホームがお店です

これが噂のマハーチャイ駅

列車は動く気配がない。あたりは意外と整然としていて物売りの部分と列車の停車するスペースははっきりと分かれている。これはあとで知ったのだが、岡本和之氏の『タイ鉄道旅行』[*8]によると、マハーチャイの船着場からは、私が行ってきたターチャロームより少し上流のバーンレームに行く渡し舟もあるそうだ。バーンレームの船着場の近くにバーンレーム駅があり、そこから超ローカルなメークローン線に乗り換えることができるらしい。詳しいことは氏の本でどうぞ。

町に戻ると、古い映画館があった。現在は閉館しているようである。そろそろコーヒーの時間だ。一日の中でどこでコーヒーにするかというのは私にとって食事よりはるかに重大な問題である。町の真ん中のロータリーに戻ると、さほど大きくないショッピングセンターがあったので、中に入ってみる。またまたKFCと地下のスーパーはTopsだ。Topsはタイ資本セントラルグループ系のスーパーマーケットチェーンで、どちらかというと高級品を置いてあるスーパーというのが私の中のイメージである。

四階まで上がってみるとなかなかいい感じの喫茶店があった。ブルーマウンテンのホットが二〇バーツというので頼んでみた。バンコクでは普通のブレンドでも冷房がきいているところでは二五バーツ以上はする。二五バーツの店を探すのは難しい。窓際の席に座ろうと思ったら、椅子に服が掛けてある。既に先客がいるのかと思ったのだが、店員の女の子の服だった。テーブルの上には伝票が広げてあった。

出てきたブルーマウンテンは、風味は既になかったが、悪くはなかった。この手のコーヒーカウンターのほとんどはエスプレッソマシンを使ってコーヒーを入れてくれるので、あわ立ちコーヒーとなっている。窓からはロータリーの様子がよく見えた。私にとってはことのほか贅沢な午後となった。

＊8　岡本和之『タイ鉄道旅行』一九九三年、めこん。最近改定版が出た。

そろそろお楽しみコーヒータイム

ロータリーのショッピングセンター

古い映画館は哀しい

このトラックバスは郡内を回るのだろう

ぬいぐるみ屋

贅沢な午後だった

バンコクへ戻る

さて、そろそろバンコクに戻ることにしよう。だいぶ歩いたので、どこに行ったら68のバスに乗れるのかわからなくなった。店の女の子に聞くと、まっすぐ「あっち」と指差す。どうやらロータリーを右の方向に行くらしい。

途中、白い軽トラバス、ぬいぐるみ屋、トラックバス発着所があった。軽トラバスはマハーチャイの主要地点を循環しているらしい。青いトラックバスはムアン郡内の主要な町を巡るバスだろう。車体の脇にはTops スーパーマーケットのイベントの広告が取り付けてあった。この道は「スコネタウィット通り」と言うらしい。

バンコクからの幹線とスコネタウィット通りの三叉路でバスを待とうと思ったが、停留所がない。交差点で交通整理をしている警官に聞くと、もっと先でないとバスは停まらないよと言う。立派な病院などを見ながら五〇〇メートル移動したら停留所があった。

すぐバスが来た。行きと同じく、車内はほとんど乗客がいなかった。途中から乗ってきたおじさんは大荷物を抱えて私の斜め隣の席に腰かけた。これからバンコクに商品を卸しに行くのだろうか。

バンコク市内に入り、トンブリー地区からバンコク地区に架かるピンクラオ橋を再び渡る。国王陛下の八〇歳の生誕記念日を数日前に控えて、国旗と国王陛下のご長寿を祈る黄色い旗が交互に翻っていた。

（取材　二〇〇七年一〇月三一日）

大量に荷物を抱えたおじさんが乗ってきた

すぐにバンコク行きのバスが来た

やっとバス停を見つけた

第7章

下町テウェートから古き良き黄金の蓮の街へ516番

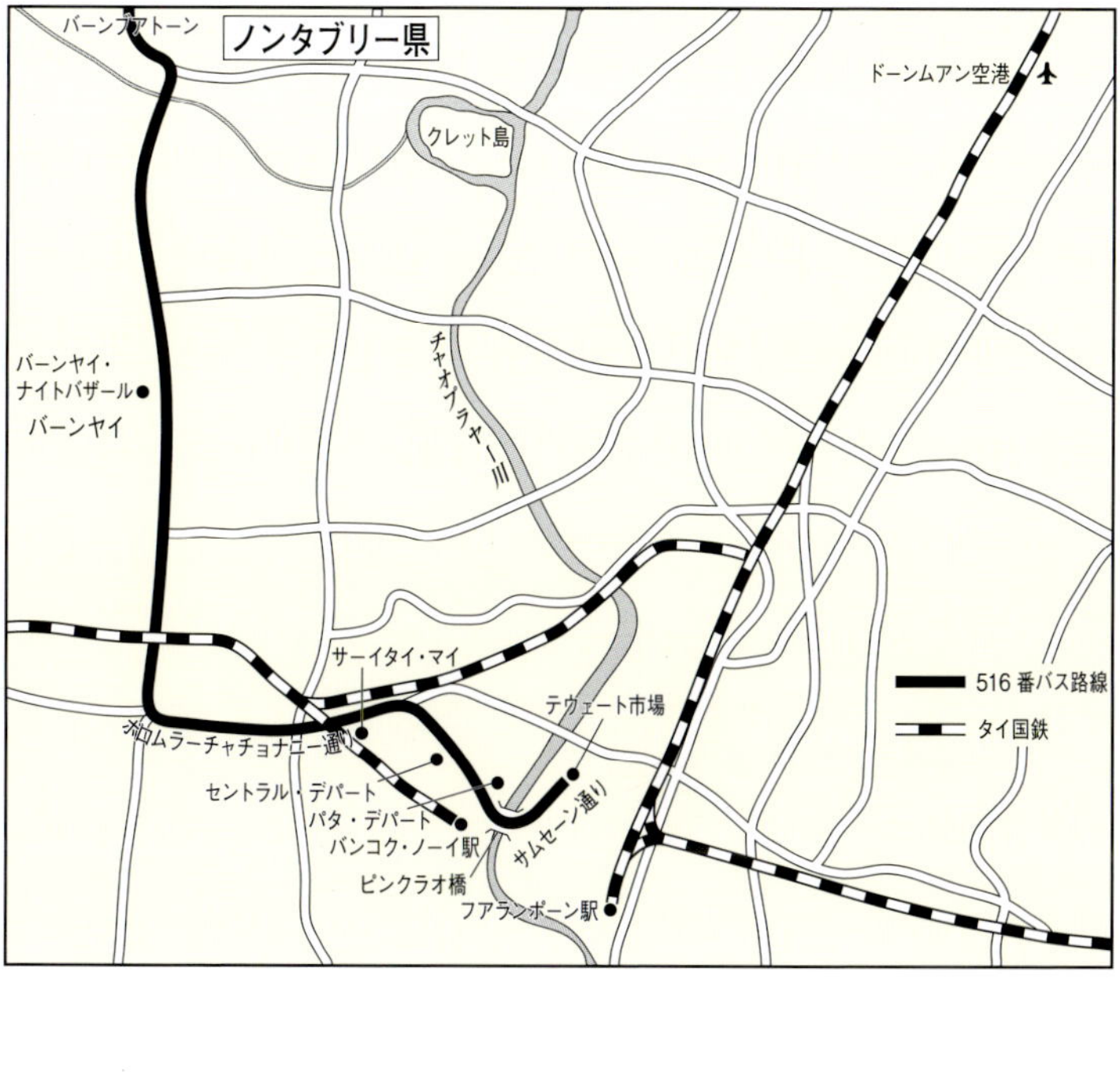

やる気なさそう

食べ物屋が多い

テウェート市場入り口

下町「テウェート」

516番はバンコクの下町「テウェート」からノンタブリーまで行く路線である。テウェートとはバンコクの一地域を指す名前であるが、特に通りの名前でも区の名前でもない。このあたりの地域のことをテウェートと言う。

テウェートで特に有名なのが市場である。テウェート市場はバス乗り場のあるピサヌローク通りをはさんで東側の部分である。市場といっても、小さい通路の左右に路地の一角を利用した店が並んでいるだけだ。

中ほどまで行くと、なぜか洋裁屋が三軒ほど並んでいる。並んでいるというほどしっかりした店構えがあるわけではなく、男の人が通りにミシンを出して一生懸命踏んでいた。

そのほかは食べ物の店が多いのと美容院が目に付いた。美容院をよく利用しているという日本女性に話を聞いたところ、時々行って洗髪をしてもらうとさっぱりするそうである。おおよそ料金は六〇~一〇〇バーツである。日本の美容院との違いは、まず、洗髪の時は引っかくように洗う。セットの際は顔を大きく見せるようにセットするのがタイの美容院の特徴だそうだ。日本の美容室は顔を小さく見せるようセットするのが普通だ。その他ブローが二人がかりで、お姫様気分が味わえる。髪を切っている間ネイルができて、技術が高いこと、などが特筆できる点だそうで、難点は時々美容師さんの手先がにんにく臭かったりすることだそうである。

市場を抜けると、バスが発着する通りと平行に走っている「クルンカセーム」という小さな通りに出る。ここはバスも車もほとんど通らない。道端の露天の店では果物が切ってパックされ売られている。どれでも一パック二〇バーツだ。

露天のおばさん

美容院も多い

一生懸命ミシンを踏んでいた

運河の風景

橋を降りてサムセーン通りへ

はさみと爪切りだけで商売になるのかな

通りの向こうに橋が架かっている。「サムセーン」という大きな通りと平行に走るこの橋の存在意義がよくわからない。サムセーン通りにもしっかりした橋が架かっていて、人々もこの橋の歩道を利用すればいいからだ。

橋の上ではけっこうな歳のおじさんおばさんが小物を売っていた。おじさんの店でははさみと爪切りのみ売っている。毎日そんなものを買う人がいるのだろうか。

この猫売っているの？

橋を降りてサムセーン通りに回ってみる。この通りはタイ国中央銀行、国立図書館、有名校などがある重要な通りだが、せいぜい四車線の狭い道だ。サムセーン通りをはさんで「テワラーッチ市場」がある。ここは運河沿いの狭く長い路地の左右に露天の店がひしめきあっている。

土曜日だが、たくさんの人が忙しそうに働いている。ぼやぼやしていると、台車で忙しそうに商品を運ぶ兄さんに怒られそうである。私のように大した用もないのに写真を撮っている輩が一番邪魔なのだ。

目を引いたのが五リッターの大瓶ナムプラー（魚醤）である。またクイッティヤオに入れるルークチン（魚のすり身の団子）など大量に袋に入って売っているところを見ると、どうやらプロ専用の市場らしい。

おやと足元の桶を見ると「プラーラーイ」と書いてある。うなぎだ。日本人のイメージするうなぎよりずいぶん細身で、あまりおいしくなさそうだ。一匹五バーツ。

奥に入ると食紅なども売っている。汁そばのメニューの中に「エンタホー」と言われるものがあって、赤い汁をしているのが特徴だが、その色付け食紅だろう。

肉も

魚も

ぼやぼやしていると怒られそう

市場に欠かせない小型タクシー

ココナッツ買って行かないかい

猫も売っているのか

卵が籠に入って売られている。籠の隣に猫が入っていたので、一瞬売り物なのかと思ってしまった。以前ポルトガルの市場に行った時、うさぎが箱に入っていたので、愛玩動物として売っているのか店主の私物なのか聞いたら、食用だと言われて驚いたことがあったのを思い出したからだ。しかし、いくらなんでも猫をこんな普通の市場で食用として売るわけがない。

はじめは籠にうずくまっていた猫も二匹で喧嘩を始めたので、店主の飼い猫だとわかった。それにしても食べ物を売る台の上で猫を寝かしておかなくてもいいものだろうに。どうもそういう衛生観念はないようだ。飼い主にとってはかわいい猫だからだ。

このようにタイの社会では、自分の主観で物事を進める人が多い。それが会社の偉い人だと不満でも誰も何も言えない。

以前日本で、アグネス・チャンが幼い子を連れてテレビ局に来たことがきっかけで「子連れ論争」が起きたが、タイでは「何が悪いの」の世界である。夕方になると学校帰りの子供がオフィスをバタバタ駆け回っていることがよくある。お母さんの仕事場に帰りがけに寄ったのである。

バスは行ってしまった

この市場でなぜか多く見かけるものがマナーウ（ライム）だ。マナーウは中央南部のペッブリー県などの名産品である。ペットボトルにマナーウの果汁を詰めて売っている。トムヤムスープなどに使うのだろう。

これは友人が発見したことだが、ただの炭酸水にマナーウを搾って飲むとなかなかいける。酒好きの友人はこのマナーウソーダをウイスキーのソーダ割りの代わりに飲んでいたら、ほとんど飲んだ感触が同じだったので、酒量が減ったそうだ。

マナーウのボトル売り

近寄ってナマズを見る

ちょっと離れてみていたが、

またお茶の時間

お米屋さんのおじさん

奥深い市場。もうひとつ出入り口がある

市場には他にもプロ用商品とわかるノーブランドレジ袋や化学調味料の子袋が売られている。

市場の中をさまよっていたら外に出た。さっきのサムセーン通りに面した入り口は裏口だったのかも知れない。ここが市場の建物の入り口のようだ。仕入れを終えて出てくる商店主や一般客を狙う軽トラックタクシーが数台待っている。

市場に戻ると、いくつもココナッツの実を並べているおじさんがいた。ナコーンパトム県サンパーンというところから運ばれてくるココナッツだ。

途中でお茶にする。中国系の発酵茶つまり紅茶にコンデンスミルクを入れたものである。疲れている時にはおいしく感じる。このタイプのお茶やコーヒーの店では、飲み物には必ず薄い中国茶が付いてくる。安物のコップに入ったこの薄い茶がたまらなく良い。ふちを手で持って飲むため、必ず二〜三センチの余裕を持って注がれてくる。田舎に行くと半分くらいしか入ってこないこともある。一杯お茶つきで一〇バーツだ。

さて、大通りに戻る。「タニダー」という人気の化粧品などが中心の雑貨屋が見えた。タイのマツモトキヨシである。日本でも話題を呼んだマンゴスチン石鹸、キュウリの石鹸などを売っていた。みな一九バーツである。他の香水、シャンプーまで一九バーツで売っている。他の化粧品も四九バーツ、五五バーツなど手ごろなものが多い。デパートの店員さん、工員さんなどに人気の化粧品屋である。

そうこうしている間に一台、今回の目的である516番のバスが行ってしまった。もう一台来るまでしばらくかかるだろう。さらにこの辺を見物して時間をつぶすことにしよう。

23番のバスの終点や「クレープ・ジープン（日本式クレープ）」の店があった。日本式クレープの屋台は開店資金があまりかからないとあって、ある時から急に広がった。日本に行ってクレープの人気を目の当たりにしたどこかの賢いタイ人によってタイに持ち込まれたのだろうが、すぐ真似された。これも

息の長いヒット「クレープ・ジープン」

「タニダー」の売れすじ、薬草シャンプー

バスは行ってしまった

この車掌さんは上品な人だった

ようやく乗れた516

72番の終点にはバスは停まっているが

息の長いヒット商品である。

魅惑のバーンブアトーン

二〇分待って516が来た。これに乗ってバーンブアトーンに行ってみたい。「バーン」は人・家の集まっている地域、村・街を意味する。バンコクのバンもこの「バーン」から来た言葉である。「ブア」は蓮の意味。「トーン」はゴールドなので、金の蓮（の花）が咲く?村である。いかにも旅人心を揺さぶる地名ではないか。早速乗り込み、いつものように「終点まで」ではなく、「バーンブアトーン」と言って切符を買った。一九バーツである。

大変丁寧な車掌さんだった。このバスには高齢者の方が数人乗っていたが、ことのほか親切に対応していた。タイの人のお年寄りなど年長者、ハンデがある社会的弱者に対する態度は日本人も見習ったほうが良い。

南部行きバスターミナル

バスに乗ったのが九時五〇分。この日、都内はけっこう道が込んでいたが、バスはスムースにチャオプラヤー川を渡って、「セントラル・デパート」ピンクラオ店の前を通り、そのまままっすぐ南に進んでボロムラーチャチョナニー通りを走る。途中、南行き新バスターミナルを通り過ぎた。

タイ南部行きのバスが発着するターミナルのことを「サーイタイ」と言う。最初チャランサニットウォン通りにあったが、手狭になってピンクラオ地域に移った。そこを「サーイタイ・マイ（マイは新しいの意）」と言った。つまり

新南部行きバスターミナル

セントラルデパート・ピンクラオ店

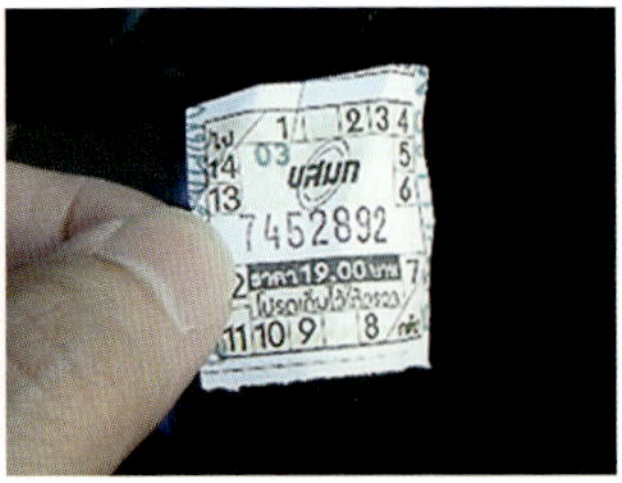

切符は19バーツでした

みんな降りた

バーンヤイ・ナイトバザール

植木屋さんが並ぶ

New Southern Bus Terminal である。511番路線の都内終点などがここだ。まだ二〇年経っていないはずである。

それがまたまた新サーイタイである。ここを何と呼ぶのだろうか。「サーイタイ・マイマイ」と言うのだろうか。まさか。

正式名は Bangkok Bus Terminal と書いてある。ハートヤイ（ハジャイ）、ナコンシータンマラート、プーケットなど、南部・西部タイに行く主要なバスはここから出ている。

バスはその後インターチェンジのようなところを二回まわり、進路を大きく西に取った。郊外に出たので敷地を大きくとった商売が目立つようになる。大理石などを売る石材屋、中古車屋、そして、ここバーンヤイで有名なのが植木屋だ。ここにはガーデニングをする人たちのために木、肥料、土など庭造りをする用具や庭に置く石像などを売っている店が多い。

こんな田園風景が一面に広がるようなところでも、大きなショッピングセンターができている。「バーンヤイ」と言えば、以前は「バンコクの田舎」という言葉がすぐ出てきたが、既にそのイメージは駆逐された。ルンピニー・ナイトバザールをまねて、「バーンヤイ・ナイトバザール」なる一角まであった。

バーンブアトーン到着

バスは脇道にそれ、そろそろ車庫に向かう感じである。しかしバスの中にはまだ人が乗っている。この人たちが全部降りるところまで行くことにしよう。

向こうから来た同じ516のバスとすれちがう。

バスは駅前風の一角に入って停まり、乗客全員が降りたので、私も降りた。

ここがかの「黄金の蓮の地」だろうか。

私の前に座っていた、白い帽子をかぶったちょっとおしゃれなおじいさん

ずらり並んだ 516

バス終着所。乗務員も休む

バーンブアトーンに着きました

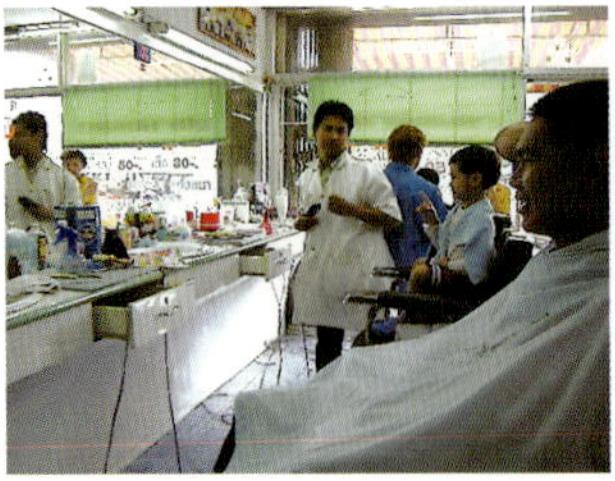
床屋は万国共通

床屋見つけた

次のバスはここから。乗務員は一休み

も降りた。この駅前風広場はどうやらバーンブアトーンの住宅街の中央広場的なところだということがわかった。

のんびりしたところで、すぐ脇にバスの車庫もあった。今乗ってきたバスの乗務員も休んでいる。

運行管理者に聞いたところ、516の路線バスは全部で二二台。始発は朝四時三〇分、最終はここバーンブアトーン車庫発が二一時三〇分で、テウェート着・発がだいたい二二時三〇分と予定されているが、国民の祝日などは運転手のやりくりがつかず、このとおりにはいかないという。

全車両二二台ということだった。距離の割にはバスの台数が少ないように感じたが、この後もわりと順調に後続のバスがやってきた。車庫には常時一〜二台の516番のバスが停まっているだけなので、あまり余裕がある運行とは言えないようだ。

床屋でも行くか

先ほどの駅前風広場に戻る。まだ午前一〇時なので、急ぐこともない。ちょうど髪も伸びてきたので、床屋に行くことにした。

茶髪の兄ちゃんたちが暇そうにしていたのだが、私が入ると立て続けに二、三人客がやってきた。この後にやってきた母子はお母さんがずっと子供の散髪に付きっきりだった。だいたいタイ人は子供に甘すぎる。甘いし、構いすぎる。これはタイ社会全体が「擬似家族社会」であることと関係があるのだろうか。国王は「お父様」と呼ばれ、国王の誕生日は「父の日」である。王妃は「お母様」である。家族であれば甘えも許される、という観念がタイ社会全体に行きわたっているように思える。

料金は大人で五〇バーツ。これは都内より一〇バーツ程度安い。三〇分程

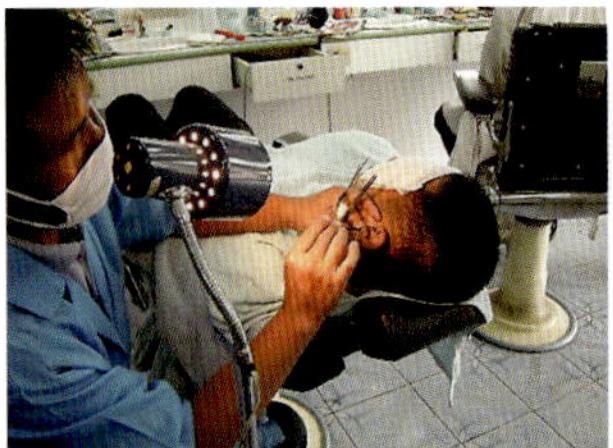
耳掃除はわかるが道具がちょっと…

床屋七つ道具

こちらは親が付きっきり

その後潰れてしまったスーパー

地元のスーパー

おせわになりました

度ですべて終了。タイの床屋は、速くて、それでいてなかなかの仕上がりだと私は思っている。脇の調髪にバリカンを上手に使うのがいい。仕上げはすきバサミでザクザクやってしまうので時間がかからない。私にとってはこれで充分である。

ちゃんと顔剃りもついている。かみそりの刃は一回一回替える。両刃のかみそりを半分にパチンと折り、柄に入れて使うのである。なかなか合理的だ。見ている前で替えてくれるので安心だ。

髭剃り用の刷毛はちょっと毛が抜けていて、あまりありがたくない代物だった。櫛も歯が欠けていることがある。もちろん洗髪サービス、耳掃除サービスもある。価格表には目洗いサービスというのも書いてあった。どういうサービスか聞いてみたが、薬品を使って目を洗ってごしごし拭いてくれるのだそうだ。ちょっと想像がつかない。

バーンブアトーンじゃないのか

愛想の良い床屋さんを後にして、街の散策を続ける。スーパーが三軒ある。こんな小さな住宅地でちょっと多すぎる。案の定、一軒はその後潰れてしまったようだ。

スーパーの店内は駄菓子や文具を買う子供や親子連れがほとんどだ。商品も小分けされたものが多い。一〇〇バーツ以上の商品はあまりない。

食べ物の屋台街があった。女性二人連れ＋犬が帰ろうとしていたところだった。黒い犬に「行くわよ」と言うと、最初白い服の女性のバイクに乗りたがっていた犬だったが、黒いジャンバーを着た女性に怒られておとなしくその荷台に乗っかって帰っていった。

そろそろ帰ろうかとも思ったが、どうもここはまだバーンブアトーンの街

ちょうどやってきた134番に乗ったが

ここは街の中心ではないようだ

女性２人づれ＋犬

1003番はすぐやってきた

あやしいおじさん

おんぼろバス停で降ろされた

の中心ではないようである。バスを待っている人に聞くと「134のバスに乗れば行けるよ」とのことだったので、ちょうど来た134番に乗った。

しかし、車掌さんは「このバスは街には入らないよ。降りて白いバスに乗るんだよ」と教えてくれた。また511番の時のようにソンテウと呼ばれる乗り合いトラックに乗るのかと思ったら、そうではないらしい。

何もないところで降ろされる。おんぼろバス停で待っているのは私と地味な女の子だけ。自転車に生活用品を全部乗せたあやしいおじさんもいたが、こちらは休憩しているだけだった。

白いバス（実際には白と青のツートーンカラー）はすぐやってきた。番号は1003番だった。

バスは先ほどの来た道に出て、しばらく行ってUターン。その後左折し、バーンブアトーンの街に入っていった。料金は六バーツ。これまたバンコク都内のバスより安い。八バーツの切符があるのも見たので、料金は距離制になっているようだ。

古き良き町

大通りから左に曲がって程なく街に着いた。なるほどずいぶん古い町のようだ。木造のショップハウスが目につく。

あとで調べたら、バーンブアトーン郡がノンタブリー県の一つの郡となったのは一九〇二年だという。その後トンブリー県（現在は廃止）に属したことがあるが、一九八六年（タイ暦二五二九年）には現在の八つのタンボン行政区を持つ郡となった。

バーンブアトーンというのはここを流れる運河の名前だった。クローン（運河）・バーンブアトーンはチャオプラヤー川から分かれている運河である。

バーンブアトーンはこの運河の名前だった

古い街だ

中はだいぶくたびれていた

パッタイの人気店に違いない

イスラム寺院（マサイット）もあった

街についた

お菓子の島で有名なクレット島の西側を流れている。
　クレット島というのは、一七二二年（二二六五年）にバイパス運河が完成し、もともとは普通の陸地だったのが陸と切り離され、島になってしまった所だ。今はタイの伝統菓子を製造している民家が多く存在し、ノンタブリーの船着場から島巡りのボートツアーもある。
　終点と思しきところで全員降りたので、私も一緒に降りることにする。ここがバーンブアトーンの中心のようだ。
　メインストリートが一本ある。その左右に古い商店街が広がる。建物の感じを見ると古い建物も多いようだ。メインストリートといっても車がすれ違える程度で、車がない時代だった頃の街づくりだということが十分うかがえる。イスラム服を着ている人がいるところを見ると、ここもムスリム住人がかなりいるようである。大きな百貨店のようなものは一つもない。もっともここはバンコクに近いし、バンコク郊外にはいくらでも大型量販店があるから、街の中にはなくてもさしつかえないのだろう。

パッタイ食べようか

　街をぶらぶらする。パッタイの店が人気で、何人も待っている。パッタイというのは、米粉で作ったそばを炒めた料理である。タイ風焼きそばなどと言ったりするが、焼きそばだと思っていると、出てきたものはだいぶイメージが違うはずだ。もっとつるっとした麺で、炒めそうめんとでも言ったほうがいいだろうか。

　パッタイはタイで人気の軽食だ。こだわりの人はおいしい店を捜し求める。しかし、クイッティヤオが都内のいたるところにおいしい店があるのに対し、パッタイの本当においしい店というのは意外と少ない。

さっき乗った1003番

ぶらつくのにちょうどいい

アイスクリーム屋も通る

武道家のような僧

これでもれっきとしたタイのワットだという

ずいぶん立派な廟だ

寺院か？　廟か？

あいにくもう午後。もっとしっかりしたものが食べたかったので、パッタイはやめてまた歩き出すと、巨大なお寺が見えた。いやお寺ではなく中国廟だ。地方都市でよく目に付く。68番路線でもマハーチャイで出会った。

中に入ってみる。まだ建立したばかりで一部工事中だ。何人かお参りの人が来ていた。

本堂と思しきところに入ると、オレンジの武道の練習着のようなものを着た僧がいた。ちょっと普通のタイの寺院の僧とは違う。中国廟にはタイ人僧はいないはずである。写真を撮っていると、事務所に行って許可をもらうように言われ、二階にある事務所に行く。

事務所で資料をいただくと、これは廟ではなく、れっきとしたタイの寺院「ワット」であった。名前を「ワット・ボロムラーチャカンチャナーピセーックアヌソーン・カナ・ソンチーン・ニカーイランサン」という。長い名前なのは国王在位五〇周年を記念して造られたという意味が込められているからだ。

定礎は一九九六年（タイ暦二五三九年）一一月三〇日だそうだから、もう一〇年以上も建設中のお寺である。カウンターには、厄除けの相談をする人がやってくる。

先ほどの三階の大きな仏像がある部屋に戻って僧に聞くと、寺の名前から中国のサンガ（僧団）と関係したお寺だと思っていたが、どうやら特に中国から支援を受けて建立されたわけではないらしい。

タイの普通の寺は小乗仏教の寺だが、ここはニカーイ・マハヤーンと言っていたので大乗仏教のお寺であることがわかった。お参りをすませ、外に出る。

大きなエビの載ったチャーハンはいまいち

おそばの屋台はあったが

食堂がない

127 はちょっと面白い形をしている

この街には人力サームローがちょうど良い

落ち着いたいい街だった

何を食べようか

さて、お腹が減った。ご飯ものが食べたいと思ったが、不思議なのは、このバーンブアトーンの街は先ほどのパッタイのような屋台はあるが、食堂のような店はほとんどないことだ。どこに行っても食べ物屋があるタイにしては珍しい。

結局見かけたのは二軒だけだった。二軒目のほうで看板メニューに出ていたミックスチャーハンを頼んでみる。出てきたものはエビ、イカなどが載ってる豪華なチャーハンであった。ご飯がべちょべちょしていてあまりおいしくなかったが、二五バーツという安さと、もともと食事には大したこだわりはないので（お腹が膨れれば何でもいい）これでよしとしよう。隣の人はオカズ載せご飯を食べていたが、やはりあまりおいしそうには見えなかった。

バーンブアトーンの街はいつも接しているバンコクの町並みとは違った雰囲気ばかりのところで、けっこう楽しめた。床屋にも行ってさっぱりした。さあ、バンコクに帰るとしよう。

田舎のほうがいいのだが

来たとの同じ５１６番に乗って帰ろうと思ったが、バーンブアトーンから一本でバンコクまで帰れる１２７という路線があるのがわかったので、これで帰ることにする。食事中、通りを眺めていたら、けっこう便数があるようだ。実際、待つことなくすぐに１２７番のバスはやってきた。

切符は全区間一律 8.5 バーツ

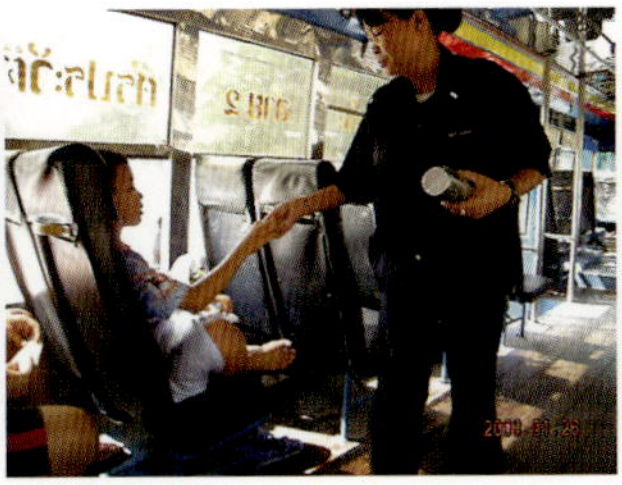
今度は子供が多かった

木のフロアーの車内

パタデパートが近づく

のんびりした風景が続く

お客はたまに乗ってくる程度

ここバーンブアトーンもマハーチャイと同じで、まだ人力サームローが走っていた。またアイスクリーム売りなどもオートバイに側車をつけたもので売っている。町のサイズからすると、このくらいの乗り物でちょうど良い。タイでもこの規模の地方都市をヨーロッパのように街に車を入れないモデル都市にしてみたらいいのに、と思う。

１２７番のバスは、ちょっと面白い形をしている。低床構造ならぬ高床構造で、そのせいか、行きの５１６はお年寄りばかりだったが、帰りのこの１２７は子供ばかり乗っている。

窓と椅子の位置関係がＢＭＴＡなどで使用しているバス車両などとはちょっと違って、腰のところまで窓がある。窓を精いっぱい開けても子供なら風が顔に当たるだろうが、大人だとちょっと無理だ。タイはバスの車体を作る技術が相当前から確立されているという。そのためか、いろいろなバスの車体がある。

バンコクまでのバス料金は全区間一律八・五バーツ。「・五」バーツはサタンという硬貨で払う。いわゆる補助通貨である。以前はあまり出回っていなかったが、バス料金が二バーツから二・五バーツに値上げされた時からまたあらためて鋳造されるようになった。現在二五サタン硬貨、五〇サタン硬貨の二種類ある。生協などではまだ少し安い五・七五バーツ（本来は六バーツ）などという価格のものがある。

私たちを乗せた１２７のバスは大通りをあまり飛ばすこともなく、たんたんとバンコクに向かっている。途中のバス停は、郊外にしては、ステンレス製のなかなかしっかりしたものだ。サムットプラカーンのバス停もそうだった。

まわりののんびりした景色を見ていると、通勤の時間を考えなかったら、バンコクの都心より郊外のこういう片田舎の方がずっと住みやすいと思う。しかし、勤め人、学生にとっては通勤通学にかかる時間が大問題なので、都心に住まざるをえないのだろう。バスは最後に私一人だけをバス停で降ろすと、静かなバーンブアトーンに早く帰りたいとでもいうように、橋の下で急いでＵターンして戻っていった。

（取材　二〇〇八年一月二六日）

急いでバーンブアトーンに戻っていった

127 は U ターンすると

だんだんにぎやかに

第8章
栄光のスワンナプーム新空港行き551番

551
SUVARNABHUMI AIR PORT
4-44189

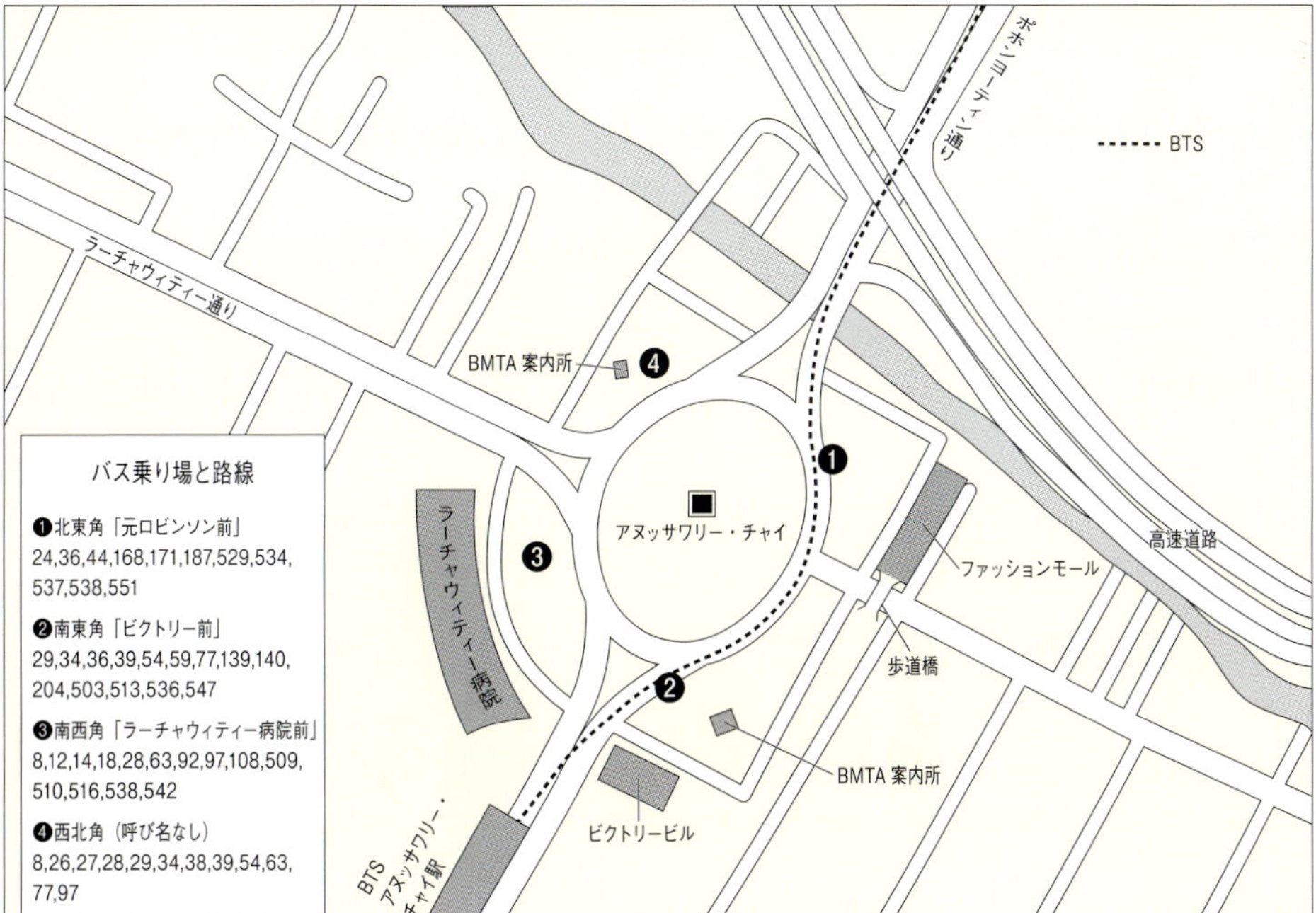
ポホンヨーティン通り
BTS
ラーチャウィティー通り
BMTA 案内所
❹
❶
アヌッサワリー・チャイ
❸
ラーチャウィティー病院
ファッションモール
高速道路
歩道橋
❷
BMTA 案内所
ビクトリービル
BTS アヌッサワリー・チャイ駅
バス乗り場と路線
❶北東角「元ロビンソン前」
24,36,44,168,171,187,529,534,537,538,551
❷南東角「ビクトリー前」
29,34,36,39,54,59,77,139,140,204,503,513,536,547
❸南西角「ラーチャウィティー病院前」
8,12,14,18,28,63,92,97,108,509,510,516,538,542
❹西北角（呼び名なし）
8,26,27,28,29,34,38,39,54,63,77,97

四方にバス乗り場がある

夜のアヌッサワリー・チャイ

アヌッサワリー・チャイ

アヌッサワリー・チャイ

二〇〇八年新年五日に日本から友人が来るというので、空港に迎えに行くことになった。空港への行き方は何通りかあるが、その中でとっておきの方法を紹介したい。551のバスを利用するのである。

551のバスは「アヌッサワリー・チャイ」から出る。アヌッサワリー・チャイはガイドブックなどでは「戦勝記念塔（Victory Monument）」と呼ばれている。バンコク市内地図を広げると少し北側の外れにロータリーのようなものがある。これがアヌッサワリー・チャイである。

この記念塔はインドシナ戦争、第二次世界大戦、フランスと領有権を巡った戦争などで亡くなった五九名を追悼して、パホン将軍（一八八七～一九四七年＝タイ暦二四三〇～九〇年）によって定礎され、一九四二年（二四八五年）六月二四日に完成した。

パホン将軍は一九三三年（二四七六年）からタイ第二代の首相となった。バンコクから北に伸びてメーサーイまで行っているパホンヨーティン通りはこの将軍の名前をとったものである。

アヌッサワリー・チャイまではバンコクのどこからでも行くことができる。困ったらバス停に行って「アヌッサワリー・チャイ！」と騒げば、誰かが路線の番号を教えてくれるはずだ。親切なタイの人のことだから、誰か一緒に行ってくれる人を探してくれるかもしれない。

アヌッサワリー・チャイには四方にバス乗り場がある。地図上でまず時計回りに北東の角、ここは「元ロビンソン前」と呼ばれている。そして南東の角、これは「ビクトリー前」。南西の角は「ラーチャウィティー病院前」。そして最後が西北の角、これは呼び名がない。

ロータリーにバスがやってきたところ

南から見たところ。左に塔が

北から見たところ。右に塔が

地方に行くものもある

箱 VAN（ワンボックスカー）は元白タク

バスとのコンビネーションが最高

この四方の乗り場を間違えると、バスは目的地とは関係のないとんでもない方向に行ってしまうので、まずアヌッサワリー・チャイに着いたら方向感覚を整えることが大切である。ヨーロッパのまねをしてこのようにロータリーを作ると、私のような方向音痴はわけがわからなくなってしまう。

今は南北にBTS高架鉄道が走っているので、これを目印にすると良い。このBTSの線路が向かっている、あるいはやってくる方向が南北である。バスが来る前にアヌッサワリー・チャイをひとまわりしてみよう。

箱VANサービス

まず、名前のない西北の角から見てみよう。

停留所の北端に歩道橋があって、それを上がると運河が流れているのが見える。あまりきれいではない。また北側のはずれには、ここからバンコク郊外に行く箱VAN[*1]サービスの（ロット・トゥーと呼ばれる）車がずらっと並んでいる。この箱VANサービスを使いこなせれば、バンコク郊外、アユッタヤー、スパンブリーまで比較的早く順調に行くことができる。

以前はこの箱VANサービスは違法乗り合いタクシーだった。特にアヌッサワリーのような人々が通過する要所で待ち、郊外に行く一〇人程度の乗客

＊1　この箱VAN（ワンボックスカー乗り合い路線サービス）は、「ロット・トゥー」と呼ばれ、バンコクでも地方でも活躍している。ワンボックスカーの後部に三列、時には四列も座席を設置し、バスと同じように定期路線で客を乗せる。ただし降りるところは自由で、乗客が「あそこの雑貨屋の前で降ろしてくれ」と言えば降ろしてくれる、小回りの効く便利なサービスだ。乗客が座席に埋まりきらないと発車しないことが多く、最初に乗り込んで待っていると、二〇分も待たされることもある。四列も座席が設置してあると、席の間が狭く、窮屈である。

これは普通のタクシー

客が揃うまでずっと待っている

箱 VAN はアヌッサワリーの北側に多い

トイレは有料

いろとりどりの靴

学生相手の店も多い

が集まると発車する。タックシン政権になって、「裏の部分をすべて表に出す」政策でこの白タクも正式に乗り合いタクシーとして認可され、路線料をBMTAに払って一応政府の管理下で運行されるようになった。しかし、これはバンコクの庶民であっても「知っている人は知っている（知らない人も多い）」サービスなので、どこ行きの箱VANがどこから出ているのか把握するのは難しい。[*2]

不思議なコーヒーショップ

バス停の裏を歩いているとコーヒーショップがあったので、さっそくコーヒータイムにした。入り口は開けっ放しだったが、中は弱くエアコンが効いている。どうやら客が来るとエアコンをつけるようだ。

カプチーノが二〇バーツとメニューの看板に書いてある。馬鹿に安い。腰掛けて横を見ると、ガラスケースの中にブルーベリー・チーズケーキがあり、こちらは三五バーツである。早速頼むことにする。あまり甘いといやなので、「甘くない？」と聞くと、「うん、あまり甘くないよ」との答え。期待して待つ。

先に冷蔵庫から出すだけのブルーベリー・チーズケーキが来て、その後なぜか屋外においてあるコーヒーメーカーでコーヒーを入れ、ミルク泡立て装置で上手にそれらしくカプチーノを作ってくれた。ずいぶん手間がかかっているような気がする。

向こうには黒人が座って食事をしている。食事も頼めるのか聞いてみたところ、外のお店から「出前」を頼むらしい。黒人がもう一杯カオパット（焼き

＊2　バンコク発行の日本語ミニコミ誌DACOの二三一号に詳細情報がある。これはバンコクっ子にとっても貴重だ。

注文して待つ

ブルーベリー・チーズケーキ 35 バーツ

どこにでもある風景

タイ人のお客が１人入ってきた

カオパットを食べる黒人

まずケーキが来て、コーヒーは後から

飯）を頼んだようで、しばらくすると外から屋台の店員が「この出前は誰のだ」と言って焼き飯を皿にのせて持ってきた。

店員の女の子が私のだと言ってお金を自分の財布から払い、黒人の食べているテーブルに持っていった。どうやら知り合いらしい。食べ物のメニューなどないから、知り合いでもない限りここでカオパットが頼めるなどと外国人が知っているわけがない。彼は二皿ペロッと平らげると、金も払わず行ってしまった。店員の女の子と英語で、二言三言話していたが、親しいようには見えなかったのだが。二人の関係は何だったのだろう。

他にはタイ人の男が一人だけ入ってきたが、外の売り場ではテイクアウトのコーヒーを買っていく人がけっこういる。これでどうしてコーヒーメーカーが外においてあるのかわかった。

豆をひくところから始めるので、テイクアウトのアイスコーヒーを買いに来た人は待たされる。さっき来た女性二人はその間、話に花が咲いていて、コーヒーを頼んだのを忘れているのではと思ったほどだった。

結局、この二人も一〇分くらい待たされたが、怒りもせずアイスコーヒーを二杯持って帰っていった。

タイの人は概して待つことに寛容だ。地下鉄建設など三〇年も待った。では、タイ人がすべてにおいて短気ではないのかというと、私の見たところ、相当せっかちなところもある。バスなどは特にそうで、マレーシア人はバスが停まらないと席を立たないが、少なくともバンコクでは、一つ前の停留所を過ぎると車掌に次の停留所で降りる人は前に出てこいとせきたてられるし、乗客も扉が開くと急いでバスを降りる。

またバンコクに飛行機で着いた時感じた方も多いかもしれないが、タイの人のほうが早く席を立とうとする。しかし、人を押しのけてまでというのはごくごくまれだ。その辺は鷹揚さを尊ぶ国民性を表している。

果物が並んでいるところを見ると、フルーツジュースも売っているようである。この日は土曜日だったが、夜は八時までだそうだ。平日は夜一〇時ま

ケーキの在庫はわずか

外ではパンも売っていた

ずっとしゃべっていた２人

ラーチャウィティー病院前はいつもにぎやか

完成品

アイスクリームシェイクも注文してみた

で開けていると言っていた。

このような場所代が高いところで、こんな低価格の、しかもあまり客が来ない店をやっていて、採算はとれるのだろうかと思って女の子に聞いてみた。すると、この建物は自分のおばさんのもので、二階から上はアパートになっている。だからこのような軽い商売で十分だという話だった。

上のアパートはほとんどゲストハウスとして日単位で貸しているそうだ。一日三六〇バーツで、月ぎめは四〇〇~五〇〇バーツから。とても便利な場所なので、毎日ほぼ満室だということだった。

どうやって宣伝しているのか不思議だったが、ビラを配っているのだという。見せてもらったのは名刺大の大きさのコピー印刷で「ホーパック・3ポーソー」と書いてある。ホーパックはドミトリーのタイ語であるが、3ポーソーがわからないので聞くと、この建物の三人のオーナーの名前のことだという。Pを頭文字に持つ人が二人、Sを頭文字の人が一人、この建物を経営しているのである。

一階は三つのスペースに分かれており、一間はこの飲み物屋、一間はコピー機が一台置いてあるコピー屋、残りの一間は椅子が一つだけ置いてある美容院兼床屋である。どう考えても有効な活用方法だとは思えない。どうやら建物のオーナーはあまり他人に貸して商売をしたがらないようである。ビルのオーナーが年配の人だったりすると、タイではこういうことがよくある。得体の知れない者が家族や知人も住んでいる建物に入ることが不安なのだろう。不動産屋のような、中に入るしっかりした商売がないことがその理由だ。

消えた一〇〇円ショップ

バスの乗り場に戻るとBMTAの案内所があった。バンコク北の郊外、た

狭い

イチゴを売っていた。1キロ15バーツ

格安クイッティヤオ店

歩道橋から

ビクトリー前

乗る人降りる人

とえばドーンムアン空港（今も一部の路線はこの旧空港から発着する）、ランシット、フューチャーパーク、ジェーンワタナ、ＩＭＰＡＣ国際見本市会場などに行くバスはここから出る。

道路を渡って、西南の乗り場に行ってみる。ここは通称「ラーチャウィティー病院前」である。ラーチャウィティーは政府系の病院で一度行ったことがあるが、日本の病院と同じように、二時間以上待たされ、もらった薬は市販の風邪薬「ティフィー」四錠五バーツだった。

病院前には汁そばなどを食べさせる食べ物屋台が並んでいる。通りの脇で場所が狭いためか、どこも横並びのカウンター形式である。この辺は「クウェチャップ」と呼ばれる大きな米粉の麵の食べ物やが多かったが、今はあまり見かけなくなった。

このコーナーからトンブリー側に行くバス（５４２、５０９）や、チットラダー離宮、ドゥシット動物園に行くバス（28）、教育省、ＢＡＡＣ銀行本店方面、プッタモントン方面に行くバスが発着する。

さらに大きなパヤタイ通りを歩道橋で渡り、大きなテレビ画面がある一角に行く。ここは「ビクトリー前」と言っている。

歩道橋の上から直接「ビクトリー」のビルに入れる。中に入ると三階フロアーだが、どうしたことか、テナントがなくがらがらである。夜逃げでもしてしまったような雰囲気だ。

このビルには日本のダイソーの一〇〇円ショップ店が入っていて昨日までにぎやかだったような気がするのだが、どうしたのだろうか。ダイソーはさすがにタイで一〇〇円では売れなかったようで、六〇バーツ、七〇バーツ、八〇バーツと三価格帯の商品を並べていた。日本の茶碗、急須、食器など七〇〜八〇バーツでけっこうタイの人に売れていた。折りたたみ傘など七〇バーツで、下手をするとタイの雑貨屋のほうが高くて質も悪い。調味料入れ、化粧品などかわいいものや、タイの人にとってちょっと気の利いた物が多かったと見えて、いつもにぎわっていたのに。

今の商売もあまりうまくいってない

100円ショップがあったはずなのに

直接ビクトリービルに入ってみる

屋台のコーヒー 15 バーツ

ライブハウス Saxophone

味千ラーメン。どこの系列？

ラーメンとジャズ

一階には現在でも「味千ラーメン」なる日本式ラーメンの店がある。福岡に本店がある八番ラーメンが成功して以来、タイもラーメンブームである。もともとクイッティヤオやバミーなど汁ソバ文化が発展していたので、日本食ブームとあいまって容易に受け入れられたのだろう。

この脇にはSaxophoneという主にジャズを聞かせるライブハウスの店があって、マスコミ関係者などに有名である。最近は西洋人、日本人の間に知れ渡り、夜行くと三分の一が外国人である。

曜日ごとに出演者と演目が決まっている。たとえば木曜日はNAI NOIというバンドのアコースティックギターの演奏とHOOCHIE COOCHIEのブルース、T-BONE BANDのレゲーだ。

もちろん昼過ぎのこの時間はまだやっていない。店内の掃除中であった。場所は庶民的なところにあるが、外国人などを相手にしているせいか、メニューは高めだ。お隣は飲み物の屋台は一五バーツからだった。

バス乗り場に行くと、ここにもＢＭＴＡの案内所があった。北西の乗り場と違って、ひっきりなしにバスの路線を尋ねる人が来る。職員は粗末な小屋で忙しそうに質問に応えていた。一五秒ごとにやってくる人たちの隙を見て「全部のバス路線を把握しているのですか」と聞くと、「ほぼわかっているが自信のない場合もある」ということだった。特にマニュアルのようなものは見当たらない。すべて頭に入っているようだ。

ところが、この職員と交代したおばさんは、小屋の掃除には熱心だが、客の質問をあまり受けようとしない。たちまち聞きに来る人が減ってしまった。

バス乗り場

公衆電話。さすがに今はあまり利用されない

あまり頭が良くない人が作った “V point”

ファッションモール・ショッピングセンター

バスの乗り方はタイ人にもむずかしいらしい

BMTAの案内所。てきぱき対応する職員

ランドマークが覚えられない

歩道橋にのぼり北東の乗り場に行く、今は「ファッションモール」という緑色が基調のモールがある。ここは元は「ロビンソン・デパート」だった。いつも人がいっぱいに見えたのだが、どうして撤退してしまったのだろうか。有名デパートであるロビンソンがなくなったので、ランドマークを失った。「ファッションモール前」と言って、このバス発着所だということがわかるのだろうか。私はまだ「元ロビンソン前」と言って切符を買うが、だいたい通じる。

このようにバンコクはランドマークが頻繁に変わるので困ってしまうことが多い。特にホテルの名前に変更が多い。スクムビット通りに、デルタ・グランド・パシフィック・ホテルというのがあったが、今はウエスティン・ホテルと言う。さらにそれ以前は全日空ホテルだった。せっかく覚えたと思ったら、もう変わっている。

ファッションモールの中はまったくの小規模テナント雑居ビルで、足マッサージ、化粧雑貨、占いの店などがひしめいていた。バスの待合場でも小さな店がたくさん営業している。クイッティヤオ一二バーツの店もある。簡単な机と椅子を用意して、庶民的な雰囲気を演出している。お客さんはもちろん地元のローカルな人ばかりだ。

551が来た

モールから出てバス停の方に向かう。空港行きのバスが出ているのもここ

オレンジの551がやってきた

占いは大人気

足マッサージもファッションモールビルに入っている

混雑していると思ったら

国民からは評判のよくない麻薬制圧委員会

551の車内

からである。一五分くらい待つと551がやってきた。オレンジのユーロ2型のバスである。友人が空港に着くのが一五時三〇分。今は一四時一五分。そろそろいい時間なので行くことにしよう。

バスは東の方向に進路を取り、まず、タイでは深刻な麻薬問題に対処する「麻薬制圧委員会」の脇を通る。麻薬はタイのハイソから底辺まで広がる社会問題だ。たやすく金を手にできる麻薬売人を引き受ける者があとを絶たず、毎日のように売人が捕まったニュースが流れる。

その後、バスはディンデーン地区にあるトンネルに入る。バンコクで地下トンネルを掘り、渋滞を避ける立体交差にしたのはここが最初だろう。

プラーチャソンクロの交差点を左に曲がる。このあたりには政府が低所得者のために作った集合住宅が何棟も建っている。二〇〇六年から二〇〇七年にかけて、ここはもう老朽化していて今にも崩れるということで大問題になったが、現在でも低所得者住人はそのまま住み続けている。政府は補修で対応することになったという話だ。場所がいいので権利を転売されているという噂も聞く。

バスはラーマ九世通りに入って、まっすぐ空港がある東を目指した。ラーマ九世通りは近年になって開発された新しい幹線道路である。新しい時代に対応した街づくり（Applied Technology for City Planning）をしようと、日本のJICA（国際協力機構）をアドバイサーとして、都市計画が始まり、五〇〇〇万バーツの予算が立てられているそうだ。

高速に入って空港へ

高速の入り口あたりで車が詰まってきたと思ったら、しばらく先で事故車がレッカーに引かれていた。高速道路の高架なので、片側一車線しか使えず

空港のドームが見えた

空港の看板が見えた

案の定、故障車輌が道をふさいでいた

小さい車輌。確実に座れる訳ではない

空港バスサービスもある。150バーツ

ゲートに到着

車が混んでいたのである。いわゆる事故渋滞。こういうことはタイの道路ではままある。

バスはその後順調に高速を走って、空港のドーム状建物が見えてきた。設計はイタリア人のようだが、施工は日本の建設会社が携わっている。タックシンが政権の座を追われてから、この新空港の手抜き建設が指摘されたが、どうやら政治的な駆け引きの道具にされたらしい。タイの政治では「相手をいかに貶めるか」ということが重要になってくる。結局、今回の二〇〇六年九月以来の軍事政権はそれがうまくできなかったようだ。

バスは出発ターミナルに直接着く。大変ありがたいことである。時間も一五時、ちょうどいい時間だ。以前のドーンムアン空港では、表通りのバス停に着いた後は、自分で歩道橋を使って空港前の大通りを渡るか、エアポートホテルに入って渡り廊下を使って空港構内に入っていた。

1階（到着ゲートのさらに下）から発着する路線バス

路線	ルート
549番	スワンナプーム空港―ラックラバン警察署―ラセームバンデット大学―ミンブリー
551番	スワンナプーム空港―高速道路―土木局―ディンデーン―アヌッサワリー・チャイ
554番	スワンナプーム空港―ヴィパワディーロード―ドーンムアン―ランシット
555番	スワンナプーム空港―ディンデーン―スティサーン―ドーンムアン―ランシット
559番	スワンナプーム空港―セーリータイ―ファッションアイランド―ランシット―フューチャーパーク

ただし、空港に乗り入れるバスは空港行きのバスすべてではない。５４９、５５１、５５４、５５５、５５９が空港ビルに乗り入れるバスである。このうち５５４と５５５は国内路線、そして一部の海外路線が現在でも航行しているドーンムアン旧空港に行くバスである。

バスクーポン

無事到着ゲートで友人のピックアップが終わり、来たのと同じ５５１でアヌッサワリー・チャイに帰ることにする。友

ちゃんと旅行者も知っている551

551に乗る人たち

一般バス乗り場

この組み合わせは利口ではない

バスクーポン

人が予約したホテルはスリウォンロードにあるので、何もアヌッサワリーに戻らなくてもいいのだが、あいにく他の路線でホテルの近くに行くバスはなかった。

一階の路線バス発着所でバスクーポンも売っていた。これを買っておけばいちいち小銭を出す必要ないが、すべての乗車運賃に対応するには小銭との併用が必要だ。

たとえば四バーツ、七バーツ、一二バーツと三種類のクーポンを持っているとすると、乗車運賃が一八バーツの場合、一二バーツの券と四バーツの券の組み合わせで出し、後の二バーツは小銭で出すことになる。クーポンで払えば乗車賃は一〇％引きとなる。つまり四バーツ二五枚つづりのクーポンは九〇バーツで購入できる。

二人で二〇分以上待ってようやく551が来た。アヌッサワリー・チャイまでの乗車賃は三四バーツである。二人分をクーポンで払う。

友人との再会は大学の最後の授業以来五年振りである。バスを待っている間、この五年の間のお互いの苦労話に花が咲いた。今夜は再会を祝しておいしいものを食べよう。

（取材　二〇〇八年一月五日・一二日）

いつもここが起点

空港バス待合所

終点	一口コメント	水谷の面白さ評価
ターティアン船着場	75とほぼ同路線、ミニバスが活躍	○
サムローン（サムットプラカーン県）	24時間サービスだが、夜は長く待つ	△
インドラウィハーン学校	あまり来ない	○
ウォンウィアン・ヤイ	エアコンバスはいつも空いている	○
テウェート	トンブリー地区を横断するならこれ	◎
ハッピーランド	黄色い新車、ノンエアコンはぼろい車体	◎
シーナカリン車庫	第1章参照。是非終点まで行ってみて	○
ルンピニー公園	あまり来ない	△
	ミニバスが多い	△
スリウォン通り	チュラー大の学生が多く利用	△
クー・サーン寺（トンブリー）	ラーマ1世記念像が見られる	◎
サムローン（サムットプラカーン県）	高速に乗る路線あり	△
サーイタイ・マイ（タリンチャン）	「サーイタイ・マイ」は2ヵ所あることに注意	△
ランシット	タイに来て初めて乗ったバス	○
サナームルワン		◎
ランシット	24時間サービスだが、あまり来ない	△
シーパラヤー船着き場	路線距離がバカに短い	△
ラーム大学第2キャンパス	どれもぼろい車体	△
サナームルワン	映画「地獄行きバス」のモデル	○
サーイタイ・マイ（タリンチャン）	黄色い新車両もあり	○
ワットポー	エアコンは風変わりな車体	○
シーパラヤ船着場	スクムビットはプラカノーンまで	○
ローン・ムアン	フワランポーン駅近くが終点	△
土地局	王宮、ワットポー、蛇園と観光名所を通る	○
ワット・ポー	ワット・ポーが終点	○
バーンポー警察署	エアコンは少ない	△
ルンピニー公園	朝はチュラー大生、高校生で混む	○
ラーップラウ通り	クレット島に行ける	◎
	左循環と右循環の路線は異なる	△

バンコクバス路線一覧（全路線を網羅しているわけではありません）

No	種類	運行主体	始発場所	通過主要点
1	ノンエアコン	BMTA／ミニバス	タノン・トック	ヤワラート（中華街）
2	ノンエアコン	BMTA／ミニバス	サナームルワン	スクムビット
3	ノンエアコン	BMTA／箱VAN	モーチット2	
4	エアコン・ノンエアコン	BMTAユーロ2、普通	クローントゥーイ	ヤワラート（中華街）
6	ノンエアコン	BMTA／ミニバス	プラプラデーン	スクサワット通り
8	エアコン・ノンエアコン	民間委託バス	プッタヨーファー橋	サパーン・カーウ
11	ノンエアコン	BMTA／ミニバス	国立競技場	
13	ノンエアコン	BMTA	クローントゥーイ	
14	ノンエアコン	民間委託バス	シーヤーン船着場	
16	エアコン・ノンエアコン	BMTA	プラチャーチューン	蛇園
21	エアコン	BMTA	チュラーロンコーン大	7月22日ロータリー
23	ノンエアコン	BMTA	テウェート	エカマーイ通り
28	エアコン・ノンエアコン	BMTA／ミニバス	モーチット2（北バスステーション）	
29	エアコン・ノンエアコン	BMTA／民間委託バス	フアランポーン	チャトゥチャック、ドーンムアン
33	ノンエアコン	民間委託バス	パトゥムタニー	民主記念塔
34	エアコン・ノンエアコン	BMTA	フアランポーン	ドーンムアン空港裏
36	エアコン・ノンエアコン	BMTA	フワイクワーン	タイ商工会議所大、MBK
38	ノンエアコン	民間委託バス	ラチャダー通り	
39	ノンエアコン	民間委託バス	タマサート大	アヌッサワリー・チャイ
40	エアコン・ノンエアコン	民間委託バス	ラームカムヘーン通り	MBK
44	エアコン・ノンエアコン	民間委託バス	ハッピーランド（住宅地）	セントラル・ラープワウ店
45	ノンエアコン	民間委託バス	サムローン	プラカノーン（BTS）
46	ノンエアコン	民間委託バス	ラームカムヘーン大2	スクムビット
47	ノンエアコン	BMTAバス	クローントゥーイ港	ワット・ポー
48	ノンエアコン	民間委託バス	バンナトラート	スクムビット
49	エアコン・ノンエアコン	BMTA	モーチット2	中華街
50	エアコン・ノンエアコン	BMTA	ラーマ7世通り	チュラー大病院
51	エアコン・ノンエアコン	BMTA	パークレット市場	オートーコー市場
53	ノンエアコン	BMTA	市内循環：中華街－パークローン市場－バーンランプー－王宮付近	

終点	一口コメント	水谷の面白さ評価
アヌッサワリー・チャイ	循環バス	○
サナームルワン	なかなか来ない	○
ミンブリー		△
アヌッサワリー・チャイ	スクムビット、ペッブリーから入管に行ける	△
セントラルデパート RAMA3 店	長距離	○
ヤナワ地区	始発地に北タイ行バス会社 Siam First Tour 社	◎
バーンイーカン警察署	両方とも乗ってみたい	◎
バンランプー		
民主記念塔	長距離で郊外色豊か	○
プッタヨーファー橋	73 の後ろにタイ語が書いてあるのは少し路線が異なる	○
クロントゥーイ	バカに生活臭い。低所得者街を通る	△
フアランポーン	終点まで行ってほしい	○
サートゥプラディット	24 時間運行。シーロムからセントラル・ワールド、アヌッサワリー、チャトゥチャック・マーケットに行く	○
セントラル・ワールド	始発は水上マーケットから。終点は一大ショッピング街	
シームアンタマウィモン寺院（タウィーサック翁記念病院）	第 2 章の路線。終点まで行ってほしい	◎
ミンブリー	第 4 章参照	◎
バーンブアトーンの街	頻繁にある	◎
プラカノーン	BTS プラカノーン駅に接続	△
モーチット 2	第 7 章参照	○
モーチット 2	MRT に各地で接続	△
ラーマ 9 世通り	MRT ラーマ 9 駅に接続	△
モーチット 2	連結バスあり	△
モーチット 2	ウォンサカーンキット社のバス	○
アヌッサワリー・チャイ		○
バーンクンティエン		△
プッタモントンサーイ 4	きわめてまれ。乗ったら相当いばれる（1 台しかない？）	○
バーンブアトーン	循環バス	◎
モーチット 2		○
サーイタイ・マイ		△

No	種類	運行主体	始発場所	通過主要点
54	ノンアエコン	BMTA	フワイクワーン	プラトゥナーム
59	エアコン・ノンエアコン	BMTA	ランシット	ドーンムアン空港
60	エアコン・ノンエアコン	BMTA	サナームルワン	ラームカムヘン大学
62	エアコン・ノンエアコン	BMTA	サートゥプラディット	入国管理局
63	エアコン・ノンエアコン	BMTA	サミアンナリー寺院	バーンタットーン
67	エアコン・ノンエアコン	BMTA	サミアンナリー寺院	ラマ4世通り
68	ノンエアコン	民間委託バス	セーンカム（トンブリー）	パタデパート
	エアコン	民間委託バス	マハーチャイの街	パタデパート
69	ノンエアコン	民間委託バス	ラタナティベーット	サナンビン・ナーム
73	エアコン・ノンエアコン	BMTA	フワイクワーン	MBK
74	ノンエアコン	民間委託バス	フワイクワーン集合住宅	
75	ノンエアコン	BMTA／民間委託バス	プッタブチャー寺院	シーロム通り
77	エアコン・ノンエアコン	BMTA	モーチット2	セントラル・ワールドトレード
79	エアコン	BMTA	プッタモントンサーイ2	
80	エアコン	BMTA	サナームルワン	ノーンケーム
113	エアコン・ノンエアコン	民間委託バス	フアランポーン	ラームカムヘーン通り
127	ノンエアコン	民間委託バス	アルンアマリン橋	チャランサニットウォン通り
133	ノンエアコン	民間委託バス	タトゥトーン寺院	シーナカリン通り
134	ノンエアコン	民間委託バス	バーンブアトーン団地	ラタナティベート通り
136	エアコン・ノンエア	BMTA	クローントゥーイ	ラチャダーピセーク通り
137	ノンエアコン	BMTA	循環バス	アソーク通り、ラチャダー
145	エアコン・ノンエアコン	BMTA	サムットプラカーン車庫	セントラル・ラープワウ店
157	ノンエアコン	民間委託バス	オームヤイ	アヌッサワリー・チャイ
168	エアコン・ノンエアコン	BMTA	サイアムガーデン	ラームカムヘン通り
172	エアコン	民間委託バス	ハッピーランド	MBK、ヤワラート
174	エアコン	民間委託バス	ハッピーランド	ラームカムヘーン大学
177	エアコン	民間委託バス	バーンブアトーン	シーロム、サートーン通り
183	エアコン	民間委託バス	オームヤーイ	サイアムスクエアー
201	ノンエアコン	民間委託バス	アヌッサワリー・チャイ	民主記念塔

終点	一口コメント	水谷の 面白さ評価
サナームルワン	24 時間サービス。ボートで帰ってくるといい	○
カセサート大学	11 番路線と同じ車庫	△
ラームカムヘン第 2 キャンパス	ラームカムヘン大生専用線？	△
パークレット		○
バーンパコン変電所	左右にたくさん日本企業が	
ミンブリー	車体の状態良い	○
アヌッサワリー・チャイ	滅多に来ない	○
ランシット	多くが NGV バス	○
ルンピニー公園	バスの状態極めて良い	○
サーイタイ・マイ（タリンチャン）	バスの状態良くない	△
ワニ園（サムットプラカーン県）	めったに来ないが高速経由もある	○
モーチット 2	少ない	△
タマサート大ランシットキャンパス	郊外では飛ばす	△
パークナーム	連結バス。高速経由あり	◎
ランシット	少ない	○
ミンブリー	珍しくエアコンバスの車体にユーロ 1、ユーロ 2 型両方を採用	○
サーラーヤー（ナコーンパトム県）	マヒドン大のサーラーヤーキャンパスに行ける	◎
バーンブアトーン	第 7 章参照	◎
モーチット 2	ユーロ 1 タイプ（クリーム・青色）	○
ランシット	高速を通る。バーンケーン止まりもある	○
サムローン	以前の 126 番。庶民に支持されている路線	○
スワンナプーム空港	シーナカリン通りから空港に行くにはこれ	○
スワンナプーム空港	BMTA の説明では 20 分に 1 本あるらしい	○
スワンナプーム空港	始発の BMTA 車庫で雑貨・お菓子が買える	△
スワンナプーム空港		
スワンナプーム空港		
スワンナプーム空港	ドーンムアン空港への乗りつぎには最低 1.5 時間は見ておくこと	
スワンナプーム空港		
スワンナプーム空港		
スワンナプーム空港		
ウォンサコーン	見かけたがまだ乗ってみていない。状態の良いバスが多い	◎
フアタケー	KMITL 大学の学生御用達	◎
クロンダーン（バーンボー）		◎
プラプラデーン	赤い行き先表示板	◎

想像で絶対面白いと勝手に思っている。

- 「民間」と「民間委託」の違いは、BMTA の認可なしで運行しているのが「民間」、BMTA の許可があるものが「民間委託」。

No	種類	運行主体	始発場所	通過主要点
203	エアコン・ノンエアコン	BMTA／ミニバス	オートーコー3市場	ノンタブリー（県都）
206	エアコン・ノンエアコン	BMTA	シーナカリン車庫	ラチャダー通り
207	ノンエアコン	民間委託バス	ラームカムヘン大学第1キャンパス	
356	ノンエアコン	民間	タマサート大ランシットキャンパス	ジェーンワタナ
365	ノンエアコン	民間	パークナーム	アサンプション大学
501	エアコン	BMTA	パークロン市場	スクムビット通り
502	エアコン	BMTA	ミンブリー	ラートプワウ通り
503	エアコン	BMTA	サナームルワン	チャトゥチャック・マーケット
505	エアコン	BMTA	パークレット	IMPAC
507	エアコン	民間委託バス	パークナーム	
508	エアコン	BMTA	ラーチャディット船着場	スクムビット通り
509	エアコン	BMTA	バンケー	教育省
510	エアコン	BMTA	アヌッサワリー・チャイ	ドーンムアン空港
511	エアコン	BMTA	サーイタイ・マイ（タリンチャン）	スクムビット通り
513	エアコン	BMTA	サムローン	スクムビット通り
514	エアコン	BMTA	シーロム通り	セントラル・ワールド
515	エアコン	BMTA	アヌッサワリー・チャイ	タンフアセン・デパート
516	エアコン	BMTA	テウェート	バーンランプー
517	エアコン	BMTA	ラックラバン	メリキュール・フォーチュン
522	エアコン	BMTA	アヌッサワリー・チャイ	カセサート大学正門
545	エアコン	民間委託バス	ノンタブリー	エッカマーイ通り
550	エアコン	BMTA	ハッピーランド	
551	エアコン	BMTA	アヌッサワリー・チャイ	
552	エアコン	BMTA	クロントゥーイ	オンヌット駅（BTS）
553	エアコン	BMTA	パークナーム	
554	エアコン	BMTA	ランシット	ラームイントラ通り
555	エアコン	BMTA	ランシット	ドーンムアン空港
556	エアコン	BMTA	サーイタイ・マイ（タリンチャン）	ヨマラート高速乗り口
558	エアコン	BMTA	トンブリー団地	スクサワット高速乗り口
559	エアコン	BMTA	ランシット・フューチャーパーク	環状高速道路
1009	エアコン	民間	サパーン・マイ	
1013	エアコン	民間	プラカノーン	ラックラバン
1140	エアコン	民間	サムローン	
1286	エアコン	民間	パークナーム	

注 • 筆者の経験とBMTAのHPを参考に記した。始発、終点は感覚的なもので、BMTAなどの路線図とは異なる。
• バス路線番号は筆者が知る限りNo1～185、その後飛んでNo200～207、その後がエアコンのNo501～559だが、それらの間は相当数字が間が飛んでいる。

ついに登場“無料サービス”バス

「無料バス、民衆のために」の表示

人気回復につながるか

あとがき

「バンコクバス物語」は一〇年前『JTECS友の会ニュース』の連載記事として産声を上げた（JTECS友の会のHP　http://www.jtecs.or.jp/tomonokai_home.htm）。

ものの書き方などまったくわからない私に指導してくれたのが、友の会の久保木裕一郎氏だった。その後、連載は中断したが、二〇〇七年同誌で再び「バンコクバス物語」が再開した。その第一回が「めこん」の桑原晨氏の目に留まり、追加取材をして出版することになったが、生来のいい加減な性格が災いし、時間がかかってしまった。

この生みの親と育ての親の二人がいなかったら、「バンコクバス物語」は陽の目を見なかっただろう。書いていて、「こんなマニアックな話に興味を持ってくれる人がいるのだろうか」と本当に不安だったが、桑原さんから「水谷のバンコクにどっぷり漬かっているところがいい」と言われて目が覚めた。

原稿を書いている間にもバンコクのバスを巡る環境はめまぐるしく変わりつつある。本文中で取り上げたいくつかの店が閉店してしまった。BMTAにも変化があった。二〇〇八年八月からは政府の人気取り政策として、「無料バス」が走ることとなった。そして将来はBMTAに六〇〇〇台の新型NGV（天然ガス）車を導入し、一ヵ月九〇〇バーツ乗り放題パスを発行しようという計画がある。

私は今日も街角でバスを待っている。バスに乗らない日というのはまずない。この本を手に取っていただいた方が、少しでもバンコクのバスを利用してどこかにぶらりと行ってみようという気になって下さったら本望だ。

出版にあたっては、お二人のほか、伊勢市の仲野立海氏、貴重な研究資料

車掌さんと運転手さんとのコンビネーションが大切

今日も行く、バンコクBMTAバス

珍しい電工表示の42番バス

を提供してくださった西井涼子氏（東京外大）、甲木智和君（現在ＮＨＫ記者）にも深謝申し上げたい。

二〇〇八年一〇月二四日

水谷光一

【参考文献】

岡本和之、一九九三年『タイ鉄道旅行』めこん
甲木智和、二〇〇六年「都市貧困層の職業選択と脆弱性——タイのウェイストピッカーを事例として」東京大学新領域創成研究科所
西井涼子、二〇〇六年「イスラームの少数派——タイのムスリム」日本イスラム協会公開講演会資料
㈶自治体国際化協会、二〇〇〇年『行政事務からみたタイの地方自治』
Thavee Jadngaam. 2542 (1999). *Thanon Kao nai muang krung*（タイ語）

水谷光一（みずたに・こういち）
神奈川に生まれる。

1987年	西アジアの旅行の帰り初めてタイを訪れる。
1989～96年	日本語教師として、ラーチャモンコンカレッジ、チュラーロンコーン大学文学部などで教える。
1996～99年	泰日経済技術振興協会（略称：TPA／ソーソートー）渉外課長。
1999～2005年	法政大学人間環境学部環境マネジメント研究科で学ぶ。
2007～現在	泰日工業大学（TNI）国際交流担当専任講師。 早稲田大学地域社会と危機管理研究所客員研究員。

バンコクバス物語

初版第1刷発行 2008年11月25日

定価 1800円+税

著者　水谷光一
装丁　菊地信義
発行者　桑原晨
発行　株式会社めこん
〒113-0033 東京都文京区本郷3-7-1
電話 03-3815-1688　FAX03-3815-1810
ホームページ http://www.mekong-publishing.com

製作・組版　伊藤理奈子／字打屋
印刷・製本　太平印刷社

ISBN978-4-8396-0217-8 C0030 ¥1800E
0030-0807217-8347

タイ鉄道旅行

岡本和之
定価2500円+税

タイ鉄道全線の乗車記。タイの紀行では最高の傑作でしょう。乗り方・路線図・時刻表を揃えた完全ガイドで、2006年に最新データに改訂しました。

タイ仏教入門

石井米雄
定価1800円+税

タイ研究の碩学が若き日の僧侶体験をもとにタイ仏教の構造をわかりやすく説いた不朽の名作です。なるほど、と目からうろこが落ちます。

道は、ひらける
——タイ研究の50年

石井米雄
定価1200円+税

自叙伝的なエッセイです。語学の天才といわれるこの碩学はなぜタイを研究することになったのか。その試行錯誤の道筋がとても愉快で力づけられます。

メコン

石井米雄・横山良一（写真）
定価2800円+税

ルアンプラバン、ヴィエンチャン、パークセー、コーン、シエムリアップ…東南アジア研究30年の思いを込めた歴史紀行と79枚のポップなカラー写真のハーモニー。

やすらぎのタイ食卓
—— 55品の親切レシピ

ラッカナー・パンウィチャイ／藤田渡／河野元子
定価1800円+税

日本で入手できる食材で本物のタイ料理を作ろう、と京都大学大学院の院生たちが3年間研究に研究を重ねました。こんなに親切なレシピがあるでしょうか。

タイ人と働く
——ヒエラルキー的社会と気配りの世界

ヘンリー・ホームズ&スチャーダー・タントンタウィー
末廣昭訳
定価2000円+税

タイ社会を理解する鍵は？ タイ人とうまくやっていくには？ この本を読めばきっと回答が得られます。タイで働く人には必携の書です。

マンゴーが空から降ってくる
——タイの田舎に暮らすということ

水野潮
定価1900円+税

タイ人と結婚してチェンライに住む元バックパッカーのエッセイ。貧しかった80年代、豊かになった90年代。タイにどっぷりつかるというのはこういうことなのです。

バンコク・自分探しのリング
——ムエタイを選んだ五人の若者

吉川秀樹
定価1500円+税

仕事を捨て、学校を辞め、ムエタイのリングに生きる手触りを求めて、タイにやってきた若者たちのルポ。ピュアでストイックでちょっと儚い青春群像。

タイの染織

スーザン・コンウェイ　酒井豊子ほか訳
定価5700円+税

タイ各地の織物、機織、壁画等のカラー写真をふんだんに使ったタイ染織の総合的な研究書。訳者は染織研究の専門家で丁寧な註と補遺が理解を深めてくれます。